资源禀赋视角下的黑龙江省科技产业发展战略研究

张宝生 著

中国纺织出版社有限公司

图书在版编目(CIP)数据

资源禀赋视角下的黑龙江省科技产业发展战略研究 / 张宝生著 . -- 北京:中国纺织出版社有限公司,2023.3
ISBN 978-7-5229-0336-1

Ⅰ. ①资… Ⅱ. ①张… Ⅲ. ①高技术产业－产业发展－研究－黑龙江省 Ⅳ. ① F269.273.5

中国国家版本馆 CIP 数据核字(2023)第 026682 号

责任编辑:郭 婷　　责任校对:王蕙莹　　责任印制:储志伟

中国纺织出版社有限公司出版发行
地址:北京市朝阳区百子湾东里 A407 号楼　邮政编码:100124
销售电话:010—67004422　传真:010—87155801
http://www.c-textilep.com
中国纺织出版社天猫旗舰店
官方微博 http://weibo.com/2119887771
三河市延风印装有限公司印刷　各地新华书店经销
2023 年 3 月第 1 版第 1 次印刷
开本:710×1000　1/16　印张:10.75
字数:175 千字　定价:75.00 元

凡购本书,如有缺页、倒页、脱页,由本社图书营销中心调换

前　言

在科学技术和知识经济迅猛发展的浪潮中，当今世界已经逐渐步入新经济时代，科技产业在推动国家经济持续发展的过程中扮演了非常重要的角色。在第二次世界大战之后，高新技术产业的蓬勃发展，推动西方发达国家的经济率先表现出了长期快速增长的状态。在我国提出转变经济增长方式、提高经济增长质量这一经济发展"新常态"的目标之后，大力发展科技产业、加快技术创新，将成为我国中长期经济发展规划的重点和必然趋势。党的十九大报告中明确提出"科学技术越来越成为社会发展的主要力量，创新是引领发展的第一动力，是建设现代化经济体系的战略支撑"，充分表明了科技产业在经济发展中有着重要的战略作用。

科技产业是以科学知识为基础、以科学研究为依托、以科学成果为主要技术，是生产污染少、能耗低、附加值高的产业集合，科技产业属于技术密集型、知识密集型的产业集群。经济发展水平、行业经济效益、科研经费投入、技术的产业化水平、社会基础设施、政府扶持力度等因素会影响科技产业发展水平。科技转化论、新经济增长论、企业规模论、扩散模式论、市场结构理论能对科技产业发展进行一定解释。科技产业主要研究热点集中在高校科技产业发展、科技产业持续创新、科技产业政策及科技产业指标体系几个方面。

黑龙江省科技产业具有综合实力不断增强、科技产业体系逐渐成熟、科研实力逐渐提升、科研创新水平不断提高、信息化程度不断完善等优势；同时具有发展程度与先进地区差距明显、思想观念与先进地区相比较为落后、产业层次较低、规模较小、政府引导较弱、科技投入较少等劣势。黑龙江省科技产业面临各市产业协作与分工尚不明确、产业发展不均衡现象仍然明显、科技产业空间制约问题突出等问题；同时，又面临各级机关及社会组织支持科技产业发展、各级政府出台相应政策支持科技产业发展、科技产业顺应时代发展潮流等机遇，在"十四五"期间黑龙江省将在激烈的社会环境中抓住机遇，将劣势转化为优势，使科技产业迅速发展。黑龙江省科技产业发展时间较短，相比其他国家其他地区经验相对薄弱，需要在政策的设计与实施上向其他地区借鉴经验，综合发达省市产业转型经验与相关政策。

通过建立科技产业规模、科技产业投入、科技产业投出、科技产业发展环境四个维度的科技产业发展水平评价指标体系，对全国31个省、市和自治区的科技产业发展情况数据进行实证分析，黑龙江省位于全国23名，处于中下游。在东北三省中，低于辽宁省和吉林省。高于中西部地区，低于东部沿海省市及我国31个省市的平均水平。目前，黑龙江省科技产业的发展正处于初级阶段。

科技产业投融资环境是科技产业发展态势的决定性因素。黑龙江省科技产业存在投融资渠道不健全、中小企业获得投资机会难、资金投入总量不足、未形成有效的风险投资支持机制、资金使用机制不合理等问题。需要改善高技术企业投融资环境，创新多种模式的科技金融服务机制，打造高效的科技产业投融资平台和科技金融服务体系，完善投融资市场和投融资生态。

科技产业的发展与高校、科研院所息息相关。黑龙江省的高校科技产业体系建设起步较晚，制度也不够完善，应该紧随经济发展的步伐，及时发现影响高校科技产业发展的问题，保证黑龙江省高校科技产业工作的开展，创新管理机制，整合科研资源；重视组织变革，加强人才支撑；推动高校科技成果对接资本市场，加强不同学科及产业主体间的合作，走出一条"产学研用"紧密结合发展高校科技产业的成功道路。

"十四五"期间，中国宏观经济面临经济结构转型，迫切需要产业转型升级，新旧动能转换推动传统产业向以科技驱动和高附加值为特征的战略新兴产业转变。在此趋势下，沿海发达省份利用早期的市场、资金、技术积累和人才集聚优势，转型升级加速，先发优势明显；黑龙江省作为曾经的老工业基地和资源大省，需要快速地建立现代科技产业体系。"十四五"期间，"一带一路""新一轮东北振兴""数字经济发展战略""中国制造2025""大众创业、万众创新""国际产能合作"等国家重大举措释放政策红利，将有力助推科技产业发展。面对新形势、新任务，黑龙江应坚持"向高新技术成果产业化要发展"，依靠科技创新改进供给质量和效益，依靠科技产业发展培育新动能，更好地发挥科技创新的核心和引领作用，推动科技和经济社会发展的深度融合。

将科技产业打造成为引领和推动黑龙江省国民经济和社会发展的主导力量，通过科技产业充分发展实现新旧动能转换和产业结构优化升级。科技实力和创新能力大幅提升，创新体系更加完善，创新环境更加优化，实施创新驱动和科技成果产业化取得重大成效，引领黑龙江省产业发展向产业链和价值链高端迈进。通过实施一批体现世界经济科技发展方向、对促进经济社会发展具有重大意义、对相关产业整体发展具有基础性和重大引领带动作用的重大产业创新发展工程和重大市场应用示范工程，推动黑龙江省成为全国重要的研发制造中心和科技创新中心。

黑龙江省科技产业的发展可以一体化发展战略、协调发展战略、差异化发展战略、产业集群战略的思路实施。坚持机制创新和市场推动原则、企业带动和集聚发展原则、科技创新和成果转化原则、统筹规划和重点突破原则、人才驱动和科技为民原则发展科技产业。加强科技服务体系、产业创新平台、科技企业主体、产业空间载体等科技产业支撑体系的建设。以现代农业与智慧农业、绿色食品、新材料、新能源、生物医药、高端装备制造、电子信息、节能环保、新能源汽车等产业为重点发展方向，突破一批关键核心技术，形成一批有影响力的大企业，一批产业链条完整、集聚程度高、特色优势鲜明的科技产业集聚地和研发中心。

著者
2022 年 10 月

目 录

第 1 章 绪论 ··· 1

    1.1 研究背景 ··· 1

    1.2 研究目的及意义 ··· 3

    1.3 国内外研究现状 ··· 3

    1.4 研究主要内容 ·· 10

第 2 章 相关概念及理论基础 ··· 12

    2.1 概念界定 ··· 12

    2.2 科技产业发展的相关理论 ·· 17

    2.3 科技产业可持续发展相关理论 ··································· 20

    2.4 科技产业可持续发展总体模式 ··································· 26

    2.5 科技产业的发展趋势 ·· 29

    2.6 科技产业发展的重要意义 ·· 31

    2.7 科技产业发展支撑体系 ··· 33

第 3 章 发达国家和地区科技产业政策的比较研究 ··················· 37

    3.1 国外发达国家科技产业政策分析 ································ 37

    3.2 我国科技产业政策的形成与发展 ································ 45

    3.3 发达国家科技产业政策对我国的启示 ························· 49

第 4 章 黑龙江省科技产业发展战略环境分析 ·························· 52

    4.1 黑龙江省科技产业发展的SWOT分析 ························ 52

4.2 黑龙江省科技产业发展的PEST分析 ·················· 60

4.3 黑龙江省科技产业发展钻石模型分析 ················ 64

4.4 黑龙江省科技产业发展资源禀赋分析 ················ 65

4.5 黑龙江省优势产业 ······························ 68

4.6 黑龙江省科技产业发展现状及存在问题分析 ·········· 71

第5章 黑龙江省科技产业政策梳理及经验总结 ················ 78

5.1 黑龙江省科技产业发展相关政策 ··················· 78

5.2 黑龙江省主要科技产业政策解读和效果分析 ·········· 80

5.3 黑龙江省科技产业政策的主要措施 ················· 85

5.4 黑龙江省科技产业政策制定实施的不足 ·············· 87

5.5 推动科技产业发展的政策改革思路 ················· 89

第6章 黑龙江省科技产业发展水平评价体系构建 ············· 91

6.1 科技产业发展水平影响因素分析 ··················· 91

6.2 科技产业评价指标体系的建立 ····················· 92

6.3 评价过程和结果 ································ 95

6.4 黑龙江省科技产业发展水平评价结果分析 ············ 101

第7章 黑龙江省科技产业投融资环境分析与改进 ············· 103

7.1 黑龙江省科技产业投融资的一般特征 ················ 103

7.2 黑龙江省科技产业投融资环境现状分析 ·············· 105

7.3 黑龙江省科技产业投融资环境存在的问题 ············ 106

7.4 科技产业创新驱动产业改革 ······················ 108

7.5 黑龙江省科技产业投融资环境改进策略 ………………………… 112

第8章 黑龙江省高校科技产业发展模式及创新对策 ……………… 116

8.1 黑龙江省高校科技产业发展现状 ………………………………… 116

8.2 黑龙江省高校科技产业发展模式 ………………………………… 118

8.3 黑龙江省高校科技产业存在的问题 ……………………………… 119

8.4 黑龙江省高校科技产业创新对策建议 …………………………… 120

第9章 黑龙江省科技产业发展战略制定与选择 …………………… 123

9.1 战略背景 …………………………………………………………… 123

9.2 发展目标和总体战略 ……………………………………………… 124

9.3 发展原则 …………………………………………………………… 125

9.4 支撑体系建设 ……………………………………………………… 127

9.5 重点发展方向 ……………………………………………………… 128

9.6 黑龙江省科技产业发展的对策建议 ……………………………… 133

参考文献 ………………………………………………………………… 138

附录 黑龙江省科技产业重点发展方向和重点项目 ………………… 144

第1章 绪论

1.1 研究背景

受到供给侧结构性改革的影响，我国的经济开始进行转型升级，经济发展逐步由数量增长转变为提升质量的高质量发展。科技进步是推动我国经济高质量发展的重要驱动力，是产业升级的中坚力量。在知识经济时代的浪潮下，顺应时代潮流的向前发展，科学技术不断成果化、产业化，科技产业已经成为各国家、各区域经济迅速发展的重要助力，更是地区产业结构、发展趋势的决定性因素。世界各国的政府对于通过大力发展高新科技产业来增强综合国力和推动国家经济发展的战略达成共识，纷纷采取措施推动本地区科技产业的发展和壮大。有效的创新是科技产业发展的关键，在产业向高质量发展的过程中扮演着重要角色，其中科技人才的科研能力是科技产业发展的中坚力量，科技政策的引导和战略支撑为科技产业的发展指明方向。科技产业的发展壮大对于改造传统产业、推动产业优化创新、促进新兴产业的发展、提高国家经济发展的速度和质量等方面产生了非常积极的作用。

科技产业的健康成长与正确政策的引导和政府在各方面的支持息息相关，更与发展战略的先行指导联系密切。对一个国家、一个地区的科技产业发展而言，采取各种措施来促进科技创新和提高科技成果转化率是十分必要的，这更加需要科技战略的先行指导。不同地区依据其自然环境、社会背景、产业结构、经济发展状况等具体情况进行具体分析，制定符合本地区科技产业发展规律的发展战略，并且不断适时调整。科技产业发展战略使得科技产业资源利用率更加优化，科技投入的结构更加合理，科技产业发展方向更加明确具体。我国作为新兴大国，面对科技产业飞快兴起的新形势，摒弃过去高耗能、高投入、高污染的落后产业，积极推动发展低耗能、低投入、低污染的科技产业。目前，我国正以势不可挡的劲头飞速发展，要保持稳定发展，适时地调整产业发展战略优化和完善科技产业体系尤为重要。党的十九大报告中明确提出"科学技术越来越成为社会发展的主要力量，创新是引领发展的第一动力，是建设现代化经济体系的战略支撑"，充分表明了科技产业在经济发展中有着重要的战略作用。

在20世纪90年代以前，作为我国著名老工业基地的黑龙江，为我国的改革开放和现代化建设做出过突出而卓越的贡献。但随着不断深入的改革开放，黑龙江省的经济发展慢慢地落后于沿海地区。进入新经济时代后，黑龙江省作为东北老工业基地，原本的以资源导向型为主的高耗能、高投入、高污染的产业结构已经跟不上时代发展的脚步，黑龙江省的科技产业发展程度较国外发达国家、国内发达地区相对落后，面对严峻挑战，转变产业发展模式，优化产业结构是黑龙江省近年来的奋斗目标，其科技产业的发展程度将会对其经济转型和发展起着至关重要的作用。为了振兴黑龙江省的经济发展，2015年，中共中央政治局审议通过了《关于全面振兴东北地区等老工业基地的若干意见》，在意见里指出东北地区必须要将科技创新能力作为东北经济社会发展的主要动力来源，大力鼓励创新创业，激发全社会创新创业的激情，在最大程度上发挥科技创新在经济社会发展过程中的促进作用。纵观当前，黑龙江省科技产业虽然有了一定的发展，但同北京、广州等地相比还有一定的差距。发展科技产业，实现产业化，是黑龙江省在经济发展进程中的关键战略之一。"十三五"期间，黑龙江省着力优化产业结构，改造升级"老字号"，深度开发"原字号"，培育壮大"新字号"，抓好"油头化尾、煤头电尾、煤头化尾、粮头食尾、农头工尾"，农产品加工转化率大幅提升，石墨、钢铁、铜等矿产资源开发产业加快发展，加速向万亿级产业集群跨越。新型直升机、核电装备、舰船动力、非洲猪瘟疫苗等领域研发制造实现重大突破，创新能力显著增强，新产业新业态集群式成长，新旧动能高质量转换。黑龙江省政府抓住契机，强化战略科技力量，在加大科技投入、刺激科技成果化、培养科技创新人才等方面做出科技产业发展战略调整，以确保黑龙江省科技产业沿着健康发展态势前进，促进黑龙江省产业结构的优化升级、经济可持续发展的实现以及综合实力的提升。

通过对黑龙江省当前科技产业发展情况进行探究，总结黑龙江省科技产业发展现状，分析科技产业发展趋势，明确黑龙江省科技产业的发展体制及运行机制，提出相应的对策建议，促进黑龙江省科技产业的稳步发展。对支撑黑龙江省科技产业发展中的各类因素进行系统分析，剖析新时期下黑龙江省科技产业在发展过程中的资源、能源、环境、劳动等突出问题，重点分析改善黑龙江省人才资源、科技服务、基础设施等方面制约的体制和机制；引导科技服务机构与地方科技产业发展形成深度嵌合的机制；搭建专业服务机构、技术转移机构、教育培训机构、知识产权咨询机构、商会协会等科技服务的社会组织体系；并结合黑龙江省优势，聚集区域资源，为黑龙江省科技产业的发展提供思路和参考，促进经济转型，推动黑龙江省科技产业的可持续发展。

1.2 研究目的及意义

党的二十大报告指出，我国发展不平衡、不充分问题仍然突出，推进高质量发展还是有许多卡点瓶颈，科技创新能力还不强。"十四五"时期，我国主要目标任务是：经济高质量发展取得新突破，科技自立自强能力显著提升，构建新发展格局和建设现代化经济体系取得重大进展，到2035年，我国要实现高水平科技自立自强，进入创新型国家前列，建成科技强国。黑龙江省创新驱动发展动力的增强，现代产业发展新体系的构建，要求黑龙江省基于自身资源条件，集中优势力量大力发展科技产业，助推产业升级，优化产业结构。国内外发达国家和地区的实践证明，以科技产业的发展辐射、带动地方产业体系是一条有效路径。

科技产业发展对推动产业升级转型具有显著的直接作用，实施和把握科技产业发展是实现黑龙江省经济增长方式转变和产业转型升级的重要路径。产业升级是我省经济社会不断发展、走上新阶段必然面对的基本课题，而省政府对科技产业规划和指导起着十分重要的作用。课题就支撑黑龙江省科技产业发展问题进行深入探索，研究有助于地方政府发挥特色优势，集中有限的科技资源取得较好的成效，积极培育黑龙江省产业创新能力与创新实力，加快发展黑龙江省经济竞争力。

1.3 国内外研究现状

1.3.1 国外科技产业发展研究

1.3.1.1 科技产业早期阶段的研究

19世纪20年代至20世纪初，由于当时社会科学技术发展缓慢，很多学者对科技的研究还处在"内在主义"（Internalism）阶段，"内在主义"科学论的中心思想是科学之所以成功是由其丰富的内在所决定，包括对真理的追求、数学和实验的应用等。在此阶段学者多数从哲学或者历史的角度对科技产业进行研究，没有形成派别，对于科技的研究也是分散的、不全面的，忽视了科技与社会的必然联系。到了 20 世纪，科技开始与社会、社会资本的联系逐渐加深，科技开始与人们的生产运作产生密切联系，呈现范围波及广、科技研究增多的现象。而且由 19 世纪的"内在主义"形式逐渐过渡到"外在主义"（Externalism）形式。在"外在主义"阶段学者并没有对"内在主义"进行反对，只不过是在对科技的研究方面更加强调外在因素的影响。到了第二次世界大战时期，各国学者开始对科技进行探索，并在科技理论研究上取得了一定突破。哲学、经济学家纷纷对于高科技领域进行深入研究，波普（Karl Popper）和库恩（T.S. Kuhn）从哲学的角度来解释和阐述了科学发展的方法，其中具有代表性的"试错法"（Trial-and-Error）、"四段图式"（Tetradic schema）对于当时社会的科技发展产生了重要影响。

1.3.1.2　科技产业高峰阶段的研究

第一，信息产业与传统工业结合。在未来发展中，交流将不局限于人与人之间，机器之间也会形成数字互联。科技产业发展的高峰期为 20 世纪 80 年代，美国凭借电子信息、新材料能源、生物科技等技术的应用与发展，使美国经济处于世界领先地位。电子信息技术与传统工业的结合促进科技产业转型升级，增加了就业机会，形成新型产业结构。信息化科技使社会发生变革，各国大力发展信息产业，在当代的科技革命中树立优势，赢得科技发展先机。德国工业 4.0 模式主要是将信息技术与传统工业相结合，实现机械之间的数字互通，并以此为基础形成了新的数字商业模式，在该商业模式下，企业可以连同商品售出更多增长服务，推动产业的优化升级。日本学者堺屋太一在《知识价值革命》中提出了"知识价值社会"学说，阐述了知识的价值，并且将现代的知识价值与传统的工业进行对比。虽然知识对于科技发展带来促进作用，但二者并不是背离的，而是能够通过良好的结合实现利益最大化、效率最优化。第二，引进国外优秀成果。吸收外部知识的能力已成为竞争的主要驱动力，对于 R&D 密集型大企业而言，开放式创新与吸收能力的概念相对较好。人们很少关注在传统行业中运作的小公司和公司如何参与开放式创新活动（André Spithoven，2011）。然而，受到国际化的影响，企业的吸收能力决定了企业能否将外部信息和资源转化为内部的创新成果。企业的吸收能力越强，对外部关键性信息的识别越清晰，转化率越高。日本作为 20

世纪80年代仅次于美国的科技产业强国，引进并吸收美国的优秀成果，转变成全球电子行业的高端领军国家，索尼、佳能等科技企业的高速发展依赖于日本技术引进。英国、德国、芬兰等欧盟国家在巩固自身科技产业地位的同时，也在积极开发支撑经济的产业。第三，科技咨询服务。以美国为代表的发达国家经过长时间的科技积累，初步形成了较为成熟的科技咨询服务行业，据统计，1994年全球共有科技咨询企业50多万个。其中美国具有代表性的"兰德公司""斯坦福研究会"与"布鲁斯金研究会"为科技发展起到了重要作用。

1.3.1.3 科技产业转型阶段的研究

将科学技术知识转化为有价值的经济活动已成为许多政策议程上的高度优先事项。产业科学链接（ISLS）是这一政策取向的重要维度（Koenraad Debackere，2004）。第一，发展重要产业。金融危机大面积爆发后，美国政府开始转向新能源技术，把新能源作为美国经济的重要支柱。美国总统奥巴马于2009年签订了《美国复苏和再投资法案》，明确指出了将新能源作为重要产业，高度重视通过科技发展清洁能源与低碳技术。《OECD科学、技术和产业展望》中显示：截至2006年，经济合作与发展组织（OECD）各个国家经济发展势头良好，除增长率、就业水平尚且没有恢复到20世纪90年代末的高峰，但已经走出了停滞。第二，加大公共研究。金融危机爆发后，很多发达国家削减了对于科技产业的R&D投入，但是也存在部分国家投入公共资金促进产业的研究发展，从而提高公共研究机构的效率。第三，将分散的组织方法和激励措施与提供知识产权管理和分拆支持的专门中央服务相结合，以鼓励研究小组积极参与其研究成果的开发（Koenraad Debackere，Reinhilde Veugelers，2004）。英国作为曾经科技、工业最发达的国家，在第一次世界大战结束后科技产业也逐渐衰退。目前英国的科技焦点在能源、生物、新材料、空间技术等六个重要领域。

1.3.1.4 科技政策及成果评估阶段研究

科技政策可以分为三个阶段，分别为政策的制定阶段、政策的执行阶段、政策的评价阶段。政策往往是为了实现某些目标而制定的，所以在科技政策领域，评价程序在很大程度上被用作衡量科技质量或公共资助研究的社会经济影响的一种方式。查阅已有文献，国内外关于科技政策的评估主要分为两个方面，分别为关于评估方法和模型的研究和关于实践的评估研究。前者的研究主要集中于评价的步骤、原则以及方法的总结等方面；后者的研究很多国家都开展了对其可以绩效评估创新的探索,形成了研究的"4E"结构,分别为经济性(Economy)、效率性(Efficieney)、效果性(Effectivehess)和环保性(Environmental Protection)。评估程序成为科技政策领域争议和谈判的焦点(Steforn Kuhlmann,1988)。随着各国近年来对于科技创新的投入与支持,科技政策与科技成果的评估成为重要环节,同时也成为推进科学化的关键步骤。

1.3.1.5 科技产业发展中存在问题研究

第一,在实践中,发展科技产业成本较高。国家推进科技产业发展战略的调整最重要的一个原因是发展科技产业需要投入大量的时间与物质基础,也正因为技术应用成本较高在一定程度上限制了广泛应用。现代科技产业发展战略需紧随国家政治、经济、文化制度方向,与之协调发展,不能只顾发展科技产业而忽视知识产权、科技服务等同等配置下的产业,所以在21世纪多数国家进行科技创新,使资源利用最大化,降低国家对于科技产业发展过程中不必要的支出。第二,科技创新投入不及时。创新和技术变革是企业生产率和增长的主要驱动力。但是,有关公司努力创新的公共信息(即它们对科学技术的投资以及这种投资的后果)通常很少,也不及时(Financial Analysts Journal,1999 CFA Institute)。2006年起,美国实行"竞争力计划",逐渐增加对创新的投资,提升国家竞争力,培育科技人才。第三,提高劳动生产率,但就业比重减少。伴随科技产业的发展,劳动生产率提高,但相对带来的问题就是人力变得不再那么重要,同时由于生产率提高,产业对于劳动力的需求也不断降低,将会造成极大的失业人员,同时就业形势不断严峻。

1.3.1.6 促进科技发展的对策研究

在科技成本监控方面,降低企业新产品的研发成本以及现有科技成果转化生产力成本。首先,需引导企业与高校共同建设科技资源共享体系,将龙头行业资源引入高校,避免资源的重置成本。其次,建立仪器设备的共享平台,科技产业的基础就是仪器设备,但是在设备的使用方面难免存在部门独占等问题,为避免这种情况的发生,需建立设备共享平台,对共享设备予以补贴。在信息不对称方面,应发挥政府、相关平台、市场三者的联动作用。首先,需要发挥政府的主导作用;其次,建立资源整合平台,实现政府、企业市场的对接,改善信息不对称。在失业率提高方面,首先,政府大力扶持众创空间的发展,出台政策鼓励创新创业;其次,改善当前教育模式,促进劳动力与市场结构的匹配。

1.3.2 国内科技产业发展研究

1.3.2.1 科技产业发展格局研究

与国外发展科技产业相比，我国起步较晚，1978年中国改革开放以后，信息革命的浪潮也大规模向我国传入，科技产业作为中国新兴朝阳产业，我国科技产业发展已被系统地提上日程。传统产业也在进行改造升级，科技产业的格局不断壮大，并朝着当今有利于科技产业发展的方向迈进。随着经济发展，计划经济向市场经济转变，原有的思想观念出现的问题也逐渐显现，最后导致政策规律、经济规律的方法与理论难以显现（黄颖，2001）。纵观国内外科技产业发展经验，科技产业结构循序渐进发展，科技产业发展策略和政策在其中具有关键作用。

1.3.2.2 科技产业改造传统工业研究

传统工业的改造升级也是发展科技产业的关键举措。21世纪初，我国普遍呈现传统产业占比较高，且技术含量较低的状况，科技产业带来的科技知识对于改造传统产业起到至关重要的作用。国内学者杨志明认为发展高新技术产业并不是简单的通过信息化来带动产业升级，重要的是要发挥高新技术产业成为新兴主导产业，通过高新技术产业催化剂、黏合剂和倍增剂的作用，促进科技产业的转型升级。当今时代"互联网+"的环境下，传统产业能更好地借助科技、网络这种无形但又庞大的知识体系发展。传统工业与科技知识的结合也会带来一些问题，科技人才资源的开发将会拓宽科技知识的领域，使花费较少的成本去发展传统工业，提高传统工业生产、运作效率，用科技措施降低人力、物力的开发，但同时也会造成就业机会减少，经济发展不平衡。

1.3.2.3 科技产业集群研究

科技产业的发展要依靠形成与各地区资源优势相结合的高科技产业集群，科技产业发展应结合各地区资源优势，西部地区科技着重发展新材料产业、先进制造技术、生物制药企业、国防航空企业等（张晓平，2004）。东北部地区结合土地资源优势，发展生态科技产业与农业科技产业，将我国地区优势尽可能发挥。建立科技产业园区是发展科技产业的重要路径，国家"一带一路"提出后，科技园区提升建设水平，将我国优势科技产业与其他"一带一路"国家分享。各高校也加大产业园区建设，创造科技产业新优势。

1.3.2.4 我国科技产业发展中存在问题研究

一是我国科技产业目前存在经济不协调的状况。知识作为无形资源为科技产业的发展提供着重要力量，使传统工业脱离了单一的生产模式。虽然目前实现了发展模式的转变，但是由于经济处于变化期，为寻求科技、政治、经济、文化的协调发展，还是需要进行改善和提升，科技经济需要协调发展。二是存在供需结构不平衡状况。1992年计划经济转变为市场经济，市场的供需结构不断发生变化，但科技产业结构还是存在问题，供给与需求的不断变化而导致结构不断变化，容易造成供给与需求严重不协调，形成供需结构矛盾。中国科技产业生产结构、人口要素的流动以及资源配置的变化也需要重新进行结构调整（隋映辉，2006）。三是科技产业作为当今社会包容性的产业，具有极高的共享性、交叉性，使科技产业能够与动态社会进行交叉实现科技产业的新发展，相关产业为科技产业提供技术与资金支持，网络技术的发展为科技产业提供大量信息，但是容易造成"漏斗效应"。不同规模的科技企业的出现最终可能导致科技经济呈现"负增长"，导致科技行业的有用信息被大量无用信息淹没。政府出台相关科技产业发展政策，虽在一定程度上对我国科技产业发展做出贡献，但还是难以平衡与科技产业的关系。四是市场的供需结构存在矛盾。科技产业要做好与市场的合理配置，首先要了解市场的供需结构，但市场并不是亘古不变的，在市场资源配置上科技产业要做的还有很多。五是忽视科技型企业准入机制。各国开始加大科技创新投入力度的同时也相对忽视了科技产业准入机制，导致很多科技型企业在获取国家科技资助时没有发挥到最大利用价值。六是科技成果不具有核心竞争力。我国目前对于科技产业发展主要采取吸收和借鉴其他发达国家成功经验，这也导致我国对于核心工艺的掌握力度不够，与其他国家相比不具有核心竞争力。

1.3.2.5 促进科技产业发展措施研究

孙学琛指出在市场经济体制下，政府对科技产业发展实施管理，主要体现在三个方面：总体规划，突出重点；制定政策，优化环境；宏观协调，适度干预。政府部门主要是通过技术政策、产业政策、补贴政策、能源政策，以及与之配套的财政金融政策，对研究开发机构和企业施加影响，调整产业发展方向，加快研究成果向生产力转化，促进科技产业组织与技术结构优化。关于政府支持科技产业的方式相关探讨可归纳为三个角度，首先是制定完善的科技产业政策体系；其次是提供良好的公共服务，包括基础设施等"硬服务"和信息、培训等"软服务"；最后是管理好市场秩序，提高政府服务水平，营造高效、积极的科技产业发展环境。加强"产用"结合，培养高技术精尖人才，通过建立国家级大学产业园，并运用市场机制来激励科研人员，各类科技园已经逐渐成为集转化、孵化、培育与发展为一体的重要战略基地。发展科技服务行业，完善的服务体系主要包括各种规范的咨询和中介服务机构、市场调查机构、技术咨询机构、科技成果交易中心、知识产权事务中心、律师事务所、创业服务中心、孵化器、教育培训体系（杨爱杰，2008）。促进科技产业发展的推力主要是风险投资以及增加科研的投入，目前发达国家的研发经费占 GDP 的 3%～4%，中国占 2%～3%，各国政府对科技产业发展都保持着高度关注。

1.3.3 文献综合述评

科技产业是理论上和实践上关注的热点问题。国内外学者对科技产业的发展问题进行了相关研究，主要理论来源于尼古拉的长波理论、熊彼特的创新理论、舒尔茨和贝克尔的人力资本理论、创新投资阶段理论等相关思想。余永跃总结国际发达国家科技产业发展模式主要包括硅谷产业带模式、技术城模式、科学城模式、尼克斯工业园区模式等。科技产业的发展战略主要包括一体化发展战略、集聚发展战略、协调发展战略、差异化发展战略等。理论和实践证明科技产业发展是一项艰巨、复杂的社会系统工程，是人才、技术、经济组织、市场机制、社会环境、政策法规等诸多因素的有效结合与相互作用的结果。魏玮等将影响科技产业发展的因素总结为企业因素、行业因素、禀赋因素、政府因素，并指出前三个因素属于内部因素，而政府因素属于外部因素。只依靠市场和企业的作用，对科技产业发展的影响力是有限的，政府的支持、引导和调控是科技产业发展过程中的重要因素。大量学者指出，由于科技产业的特殊性质，政府政策的扶持对科技产业的发展起着决定性的作用。相比其他国家我国发展科技产业时间较短，自改革开放之后才逐渐发展科学技术，经验相对薄弱，因此我国需在政策设计与实施上向其他国家借鉴经验。科技是推动生产力极其重要的因素，科技产业已成为国家经济发展的重要支撑力量，政府通过制定相关政策体系和发展路径，推动科技产业发展。对支撑科技产业发展中的各类因素进行系统分析，剖析新时期下科技产业发展过程中存在问题，结合区域优势，从政府政策体系、健全法律法规、加强产学研的融合程度、打造科技产业集群发展创新平台等方面思考科技产业的发展战略具有重要意义。

1.4 研究主要内容

本书全面、系统地分析了黑龙江省科技产业的发展现状及存在问题，并提出了适合黑龙江省科技产业发展的战略建议。

（1）国外发达国家科技产业政策分析。对美国、英国、日本、德国、法国和韩国等国家的科技产业政策的历程和特点进行了分析，分析了我国科技产业政策的形成与发展，并结合我国实际情况得出发达国家对我国科技产业政策的有益启示。分析了科技产业对经济发展的重要性以及现今科技产业的发展趋势。

（2）黑龙江省科技产业发展现状和战略环境分析。通过调研、查阅统计年鉴，对黑龙江省科技产业发展进行 SWOT 分析，总结黑龙江省科技产业的优势、劣势、机遇及威胁的关键之处；对黑龙江省科技产业发展宏观环境进行的 PEST 分析。运用波特钻石模型理论对黑龙江省科技产业竞争力进行分析，从生产要素、需求条件、相关及支柱产业、企业战略结构和同业竞争、机会和政府这五个方面综述了黑龙江科技产业竞争力现状，分析了黑龙江省科技产业的发展情况、存在问题以及产生这些问题的原因。并对黑龙江省科技产业发展的资源禀赋和产业地图进行了分析。

（3）黑龙江省科技产业政策梳理及经验总结。对黑龙江省近年出台的科技政策进行了解读，分析了科技产业政策对推动黑龙江省科技产业发展过程中的作用和效果，探寻影响实际效果的关键性因素。并总结黑龙江省科技产业政策历史变迁和相关经验，分析了政策制订实施的不足，在此基础上提出政府推动科技产业发展的政策改革思路。

（4）地方科技产业发展水平评价体系构建。在分析科技产业发展水平影响因素的基础上，建立基于因子分析的省域科技产业发展水平评价指标体系，并采用全国 31 个省、市和自治区的科技产业发展情况数据进行实证分析，对黑龙江省科技产业发展水平进行了分析讨论。

（5）黑龙江省科技产业投融资环境分析与改进策略。分析了黑龙江省科技产业投融资环境存在资金投入少、投资结构不合理、未形成真正的风险投资支持机制、资本市场对科技产业发展的投融资支持不足、中小企业难以获得支持和中介机构服务质量有待提高等问题。针对黑龙江省科技产业投融资现状和存在问题进行分析，提出了改进黑龙江省科技产业投融资环境的对策方针。

（6）黑龙江省高校科技产业发展模式及对策。针对黑龙江省科技产业发展现状、模式进行分析，深入探寻黑龙江省高校科技产业的不足之处，在此基础上提出了高校科技产业发展的创新对策。

（7）黑龙江省科技产业发展战略制定与选择。分析了黑龙江省科技产业战略制定的背景，根据黑龙江省科技产业发展现状和相关规划，制定了科技产业的发展目标、总体战略、发展原则、支撑体系建设、重点发展方向等内容，通过战略目标、制定及选择三个方面，对黑龙江省科技产业发展状况进行规划，对科技产业的未来发展进行总体布局，提出了黑龙江省科技产业发展的对策建议。

第2章 相关概念及理论基础

2.1 概念界定

2.1.1 科技产业的概念内涵及相关研究

2.1.1.1 科技产业的概念内涵

当今世界已经在科学技术和知识经济迅猛发展的浪潮中，逐渐步入新经济时代，其中，科技产业在推动国家经济持续发展的过程中扮演了非常重要的角色。正是因为科技产业，尤其是高新技术产业的蓬勃发展，西方发达国家的经济在第二次世界大战之后，率先表现出了长期快速增长的状态。在我国提出转变经济增长方式、提高经济增长质量这一经济发展"新常态"的目标之后，大力发展科技产业、加快技术创新，将成为我国中长期经济发展规划的重点和必然趋势。关于科技产业的界定学者们持不同意见，其中在当今国际上通常认可的内涵是指运用当今社会的高端的科学技术，其中包括新兴材料、信息技术等生产出高科技产品的产业集群（高闯，2019）。朱安东（2020）认为科技产业是一个国家经济发展的先导产业。张炳辉、冯梦茹（2020）提出科技产业作为一个不同于传统产业的新兴产业，其主要是依靠科学技术作为产业发展的重要支撑条件。惠树鹏、杨睿文、单锦荣（2020）认为科技产业是以投入高为特点的知识密集型产业，该产业不仅可以促进自身产业竞争力的提高，也可以拉动与其相关产业的发展。吴莉云（2020）认为科技产业是指包含着创新性以及技术性在内的促进国民经济可持续发展的战略性主导产业。

本书将科技产业的内涵的界定为依据高科技开发研究成果进行科技产品生产和服务的产业群，它属于研究和开发密集型产业，是对知识密集、技术密集产业的统称。和一般的产业不同，科技产业是具有科技研发→应用→生产→市场共同发挥作用的产业系统，属于知识密集型、技术密集型的产业集群。

科技产业的发展以科学技术的水平提高为前提保障，是科学技术的快速发展衍生出了科技产业；科技产业的发展需要更为广阔的发展机会和市场前景，只有科技产业生产出的产品能满足市场的需要，能适应社会发展的需要，产品才能生存，科技产业的发展必须依赖于市场。最后，科技产业的发展水平可以直接或间接地影响整个经济系统的发展。它可通过开发自身市场，进而扩大市场经营范围、推动经济增长，可以通过关联产业间接提高其他产业的科技附加值，加快传统产业技术升级，提高整体经济系统的生产效率。

2.1.1.2 科技产业的相关研究

随着改革开放的不断深化，科技产业逐渐呈现聚集与创新的发展模式。因此，关于科技产业的研究学者主要从科技产业集聚与产业科技创新展开研究（伍先福等，2020）。产业集聚是指一个产业的各种生产要素，如资金、人才、技术等某一地区不断集聚的过程（尤瑞玲，2020）。其聚集的速度取决于一个地区的制度环境以及经济结构是否有利于人力资本的创新潜能的发挥。产业科技创新是指企业或工业制造业对于科学技术和技术进步而进行的各项活动。此项活动与高等教育活动的发展相关，对于促进一个地区的经济增长和产业升级有重要作用（苏鸿儒等，2020）。

2.1.1.3 科技产业的特征

（1）高智力性。科技产业作为新兴的产业，不同于传统产业结构，主要以科学技术作为发展的必要支撑。为了保证科技产业能够拥有行业顶尖的技术、要求在生产流程、管理方式等生产的各个环节要具备相当的知识含量。与传统产业的发展以资本、劳动力等生产要素为基石不同，知识、信息等要素成为决定科技产业发展水平的首要因素。作为知识、技术、信息高度密集的产业形式，集聚了全行业最高端的科学技术，科技含量极高。这对高学历、高水平人才的储备要求极大，人力资本在其中成为推动发展的根本要素。根据《中国统计年鉴》显示R&D人数从2015年的375.9万人增长到2021年的571.6万人。美国的一项研究显示，从事科技生产的人员的集中程度比较高，大概每千人中就会有25个人或者更多人从事科技生产。根据《中国统计年鉴》的数据发现，我国的R&D经费支出也相应地从2015年的14169.9亿元增长到2021年的27956.3亿元，占国内生产总值之比由2.06%增长到2.44%。由此可见，科技产业是集高素质人才、高资金投入、信息高度密集，汇集先进技术于一体的产业结构，其最显著特征就是知识、人才的高度集中。

（2）高资本投入伴随着高附加值。

科技产业在产出过程中大致可以分为四个环节，分别为：研究环节、开发环节、推广环节以及应用环节。这四个过程环环相扣，是一个连续的发展过程，每个环节都需要大量的资金支持，缺乏资金科技产业是无法发展的，投入资本越多，产业对于风险的防控能力越强。从国家统计局发布的统计年鉴来看，大中型高技术产业（制造业）的 R&D 费用支出从 2000 年的 111 亿元增长到 2015 年的 2219.7 亿元，再到 2021 年的 5684.6 亿元；2021 年比上年增长高达 22.3%，投入强度 [研究与实验发展（R&D）经费与营业收入之比] 为 2.71%，R&D 经费投入超过 300 亿元的行业大类有 6 个，分别是电子及通信设备制造业（3634.6 亿元），电子器件制造业（1032.3 亿元），医药制造业（942.4 亿元）、医疗器械及仪器仪表制造业（485.1 亿元），化学药品制造（441.5 亿元），电子计算机及办公设备制造业（316.4 亿元）；用于新产品开发的费用支出由 2000 年的 117.8 亿元增长到 2021 年的 5961.36 亿元。这些经费的支出为大中型企业引进高技术设备、推行现金管理技术、吸引人才方面起到了促进作用，也在一定程度上为中小企业的发展填补了资金缺乏的漏洞。

面对激烈的市场竞争，传统产业表现出疲乏态势，利润不断减少。然而科技产业由于内涵的技术、信息、知识、人力等资本，其附加值远远高于传统产业。由于其不断进行技术研发，提高资源利用率，降低成本，其利润更是远超传统产业。由统计年鉴数据可知，2015 年我国高新技术产品进出口额为 12032.7 亿美元，其中出口额 6552.12 亿美元，进口额 5480.58 亿美元；2020 年我国高新技术产品进出口额为 14583.56 亿美元，其中出口额 7762.55 亿美元，进口额 6821.01 亿美元；2021 年高新技术产品进出口额 18170 亿美元（占商品进出口贸易总额比重为 30%），其中，高新技术产品出口额为 9794.2 亿美元（占商品出口贸易总额比重 29.1%），进口额为 8375.8 亿美元（占商品进口贸易总额比重 31.2%）。我国技术市场快速壮大，2021 年技术市场成交合同金额达 37294.3 亿元，每万名科技活动人员平均技术市场成交额为 25.4 亿元，技术转移转化不断加速。

（3）强渗透性，辐射带动传统产业。科技产业由于其技术性较强的特点，对促进可持续发展、带动传统产业优化升级，以及促进新兴产业出现并发展具有独特作用。在带动传统产业进步方面，科技产业与第一产业、第二产业等相互交

第 2 章 相关概念及理论基础

融,相辅相成,促进产业间的共同进步,使整体产业结构日渐成熟。科技产业的辐射关联性表现在关联相关产业,如文化、体育等实现产业体系的日渐成熟,并发挥"种子"的作用,将效用辐射到国民生活的方方面面,促进经济社会的发展进步。

(4)高风险性。创新具有不确定性,因此科技产业在取得高收益、高附加值、在市场获得垄断地位的同时,也由于环境、技术、市场等的不确定性而面临着巨大风险。科技产业的产出分为四个阶段,分别为研发阶段、成果产出阶段、规模生产阶段、收回资金获得利润阶段,这四个阶段构成了一个类似于串联电路的系统,任何一个环节的损失都会造成整个系统的崩溃。此外,由于科技产业高资本密集型的特点,造成相较于传统产业,科技产业的投入明显高于其他行业。如此巨大的投入与充满风险的生产过程,不可避免地使科技产业充满风险性。

为了减少科技产业的风险性,需要为其发展提供安全稳定的创业环境。包括完善法制环境,为科技产业的进步提供法律支持;完善要素市场环境,促进可持续发展;完善基础设施建设以及人才市场建设,为科技产业吸引人才助力。

(5)产出的生命周期短。在经济全球化的进一步影响下,各国的联系越来越紧密,在国内外同种产品的影响下,效能低竞争弱的产品逐渐被市场淘汰,具有高竞争力的产品为了保持高竞争力也不得不持续更新,不断为了适应环境而更新换代。在全球化的影响下,全球产业分工逐渐明晰,产品的更新速度日益加快。

回顾人类社会发展历史,科技的每一次进步都促进了生产方式和生活方式的变革。目前以科技创新为基础,大数据分析为主要特征的工业革命发展的如火如荼,受到科学技术创新大潮的影响,科技产业的产品生命周期也在不断缩短。

在竞争环境的影响下,企业为了保证自身取得垄断利润,在这种目标的驱使下,加速技术创新速度,不断缩短技术创新时间,促使产品生命周期的减短。上游厂商技术的优化升级,下游生产者为了适应新产品也会开展技术创新,整个产业链的产品生命周期都会随之减短。

面对科技产品生命周期短的特点,产品更新换代的速度不断加快,科技产业如果想在竞争中取得胜利就必须持续坚持产品更新、技术创新,主动缩短生命周期。

(6)高市场竞争。市场竞争对于企业能否进入市场以及进入市场的数量起着主要关键作用。因为科技产业高智力性的典型特征,科技产业属于人力、信息、知识高度密集的产业，为了弥补科技、人才以及资金的问题，企业间通常采取联合的形式进行技术开发以期拓展更大的市场。在当今激烈竞争的时代，科学技术已成为市场竞争的核心所在，对知识产权的保护也日渐完善，知识经济越来越受到人们的重视。

一项新的技术在进入市场时不仅面临着与同类技术的竞争，还需面对已有技术的竞争，无法独自完善市场化进程。这就导致科技产业是多个制造、零售同种产品的联合或者是企业与某个特定地区的集群发展，因此科技产业的市场发展结构为垄断性竞争。由此可以看出科技产业的市场竞争结构可以划分成可竞争性和垄断性。首先，这种竞争形式是有着不同类别的产品影响市场的价格或者是某个企业在特定的条件下可以影响市场的价格的情况。其次，这种竞争形式一种由差异化产品的存在而造成的可代替性或者由偏好差别的产品的可替代性而导致的市场的竞争结构。最后，在这种市场竞争结构下的价格是指一种有差异化的市场竞争结构。

2.1.2 资源禀赋相关概念

资源禀赋，又被称为要素禀赋，是指一个国家或者地区所拥有的包括劳动力、土地、资本、技术在内的一系列要素的总和。具体而言，一个国家或地区的其中某种生产要素的供给在所有生产要素供给之和中的占比显著高于其他国家或者地区的同种生产要素的供给比例，并且这个国家或地区对于该生产要素的价格明显低于别国对该生产要素的定价，那么可以认为这个国家或地区相对比较盛产这个生产要素；同理，假设一个国家或者地区某种生产要素的供给水平低于其他国家或地区同种要素的供给水平并且价格高于其他国家的定价水平，则表明这个国家在这种生产要素方面表现为比较匮乏。资源是指能够为人类社会的发展创造价值的物质，往往在生产环节用于生产投入。资源的形态不限于有形之物，可以分为自然资源、经济资源、社会资源等。一般来说，资源禀赋是指自然资源禀赋，用来表明某个地区自然资源的丰富程度，由于不同地区的条件有所不同，各个地区从事不同种类的要素生产。资源禀赋理论主要强调两个方面作用，其一，该理论认为资源的丰富情况是推动一个地区经济发展的重要因素；其二，该理论论述了资源与一个地区经济发展之间的关系。

通常情况下，如果一个地区的某种资源丰盈，这个地区就会着重以这种资源为基础发挥其资源优势，兴办以资源为主的产业。久而久之，该地区就会行成以资源为中心的产业集聚效应，为了更好地发挥资源优势，该地区会形成特定的产业结构。因此资源禀赋地区的资源型产业通常具有规模效应，以此提高资源的利用率。以往的贸易理论指出：由于生产效率的差异和资源禀赋差异的存在导致各个国家之间存在着成本和价格的差异，这就构成了推动该国经济增长的一个重要因素。因此可以看出资源丰富程度影响着一个地区的经济发展水平。

资源禀赋理论存在着三个方面的基本假设，其一，各个国家或者地区在进行生产要素的投入时具有相同的倾向性；其二，投入的生产要素存在着同质性；其三，在生产过程中各个国家或地区在生产水平上相当。根据这三条基本假设可以看出在实际生产过程中，造成不同国家或地区的价格有所差异主要有以下两个方面原因：一方面每个国家在生产要素的投入环节，由本国的实际情况的差异存在着不同的倾向性；另一方面生产不同的产品需要不同的生产要素或者生产要素的投入量存在差异。

2.2 科技产业发展的相关理论

在人类文明的历史长河中，科技革命给人类的生产生活带来了翻天覆地的变化。进入 21 世纪以来，人类社会经济发展因科技革命而快速发展进步，科技产业在各个国家都受到一定的重视。新时代，各国之间的竞争开始转向人才的竞争、科学技术的竞争，科技产业的进步推动着社会的进步，一个国家的竞争力和综合实力往往体现在一个国家科技产业发展水平上，科技产业已经逐渐成为各个国家的支柱产业，下面提出六个有关科技产业的基础理论。

2.2.1 新经济增长论

在大多数情况下，内生增长理论又被当成新经济增长理论的代名词，它的主要精髓来自于新古典经济增长理论，从 20 世纪 80 年代中期开始逐渐形成。新经济增长在大多数方面都对新古典经济增长论进行了继承和发扬，但也存在不同之处。新古典理论认为在一定条件下，资本积累和生产力产出可以是正向相关的关系，这在很大程度上否认了边际效益递减的理论，而新经济增长理论的主要方向是研究经济的长期增长，二者侧重的研究方向不同。进入 21 世纪，知识密集型产业成为带动经济发展的最主要动力，在一个地区甚至是一个国家保持长期竞争力的竞争中起到决定性作用。资本积累和劳动力投入在推动经济持续快速增长方面的作用已经远不及科技的进步，科技的动力形式就表现为将科研成果转化为实际生产力，并将其规模化，实现"知识"和"经济"的融合。新经济增长理论的函数形式：即 Y=K(H, M, N, R)，Y 是总产出，M 是劳动力投入量，N 是人力资本存量，H 是物质资本存量，R 是技术水平，K 是总产出和各要素的函数关系。

2.2.2 科技转化论

科技转化论指将科学技术应用到实际生产生活中，将科技转化为实际生产力。相关部门、机构将科技成果实施并运用，通过批量化、市场化和专业化的过程，将科学技术转化为产品，产品最终流入市场，在这一过程中实现生产力的提高。内在机制和外在机制均影响科技转化过程。内在机制是指在科研成果转化过程中的主要前提与内在动力。技术市场和宏观调控通常被划分为外在机制，通过外在机制和内在机制之间的相互作用，充分将科技转换为生产力。科学技术不但可以转化为产品，还可以转变为生产力，在科学知识应用的过程中，科学知识背后的理念、精神等都在悄悄地影响着社会生活，并被人们普遍接受，成为一种社会规范，这种现象叫科技社会化。科技社会化既指将科技知识转化为生产力，同时还提出科技社会化以科技成果转化为生产力为前提和基础。通过科技转化和科技社会化的过程，科技的社会价值能得以实现。科技产业政策对全局转型升级具有重要作用，科技产业政策的陆续出台使经济保持自身的竞争优势。

2.2.3 扩散模式论

扩散模式论，起源于国外学术领域，包含企业间扩散模式、企业内扩散模式以及国际间扩散模式，大部分的技术扩散都是产业间扩散。它打破了熊彼特"创新→模仿"的扩散模式方法，并提出"创新→学习→理解"的扩散模式方法，该理论最大的变化在于对原有的科学技术不再是一味地模仿或者复制，而是学习、理解，对其进行解读和创新。对原有的科学技术进行成果转化，转化为实际生产力并形成商品产出，这是最有效的科技创新。技术扩散有一定的模式，技术扩散的特征、状态，以及扩散模式的动态变化可以用多元化的量化分析方法来统计，通过技术扩散论的研究可以对科技产业发展前景进行预测和探索。

2.2.4 企业规模论

企业规模论是研究科技创新与企业规模的互相影响。企业规模为科技创新提

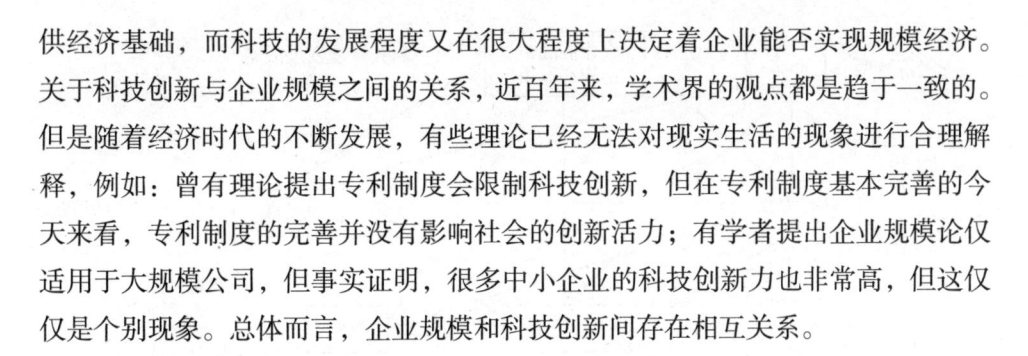

供经济基础，而科技的发展程度又在很大程度上决定着企业能否实现规模经济。关于科技创新与企业规模之间的关系，近百年来，学术界的观点都是趋于一致的。但是随着经济时代的不断发展，有些理论已经无法对现实生活的现象进行合理解释，例如：曾有理论提出专利制度会限制科技创新，但在专利制度基本完善的今天来看，专利制度的完善并没有影响社会的创新活力；有学者提出企业规模论仅适用于大规模公司，但事实证明，很多中小企业的科技创新力也非常高，但这仅仅是个别现象。总体而言，企业规模和科技创新间存在相互关系。

2.2.5 市场结构理论

理论范畴的拓宽、发展论的创新推动市场结构理论的产生和发展，经济社会的发展影响着市场结构理论的演变，纵观市场结构理论发展历程，芝加哥学派和哈佛学派均在不同时期受到重视。市场结构理论以垄断竞争为着力点，对科技创新的过程进行研究，科技创新的过程中主要有三个变量因子：竞争程度、企业规模和垄断力量。现代市场结构理论建立在"结构－行为－绩效"的分析范式上，即市场结构影响着市场绩效和市场行为。过于激烈或者过于宽松的竞争环境都不利于科技创新的进步，科技创新的最理想竞争环境是市场结构中的中等程度的竞争。市场结构理论采用科学合理的学术研究方法，兼具实证性和规范性的特质；市场结构理论反映出世界经济实践发展的现实需求，市场结构理论的未来发展表现出结合实践的特性。

2.2.6 钻石理论

美国著名战略管理专家波特的钻石理论提出将 6 个因素分为强化和抑制两个方面，这 6 个因素的共同动态作用下将会导致国家或者某一个区域的产业竞争优势的消长。在这个过程中，每个因素的变化将会强化或者消减钻石理论中的各个要素间的互动关系，这种变化我们也可以解释为影响科技产业发展的要素间的关系。

结合科技产业发展的实际情况，将钻石理论中的"相关产业"因素替换成"自然资源"因素，建立科技产业发展战略模型（图 2-1），能够从政府政策体系、健全法律法规、加强产学研的融合程度、打造科技产业集群发展创新平台等方面为科技产业的发展提供思路。

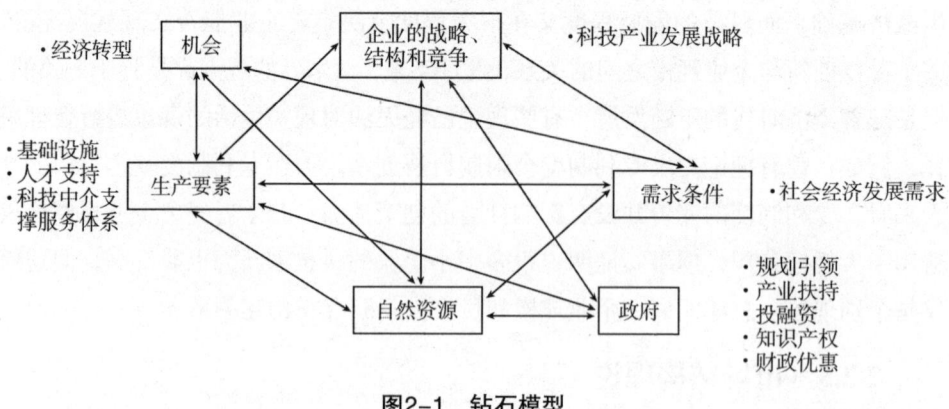

图2-1 钻石模型

2.3 科技产业可持续发展相关理论

2.3.1 可持续发展理论

早在19世纪，Donella Meadows等学者提出影响一个地区长足发展的瓶颈是资源、人口以及环境等方面的持续恶化，就此开创了可持续发展的理论模型。这个模型的基本思想是在既有资源总量保持不变的情况下，随着社会的不断发展和人口的激增，资源将会面临不断开采，自然环境将会不断遭到破坏，社会发展将面临巨大压力达到极限水平。面对资源枯竭和环境恶化的双重压力，可持续发展理念应运而生。

追溯至20个世纪80年代，最早在《世界自然保护大纲》中首次提出可持续发展的内涵，随后逐渐明确可持续发展的概念，即"在满足当前发展的同时还能满足后代人发展的要求"。具体而言，可持续发展理念与我国的新发展理念不谋而合，都是讲求绿色、协调、共享，略有差别的是可持续发展更多讲求共同发展、协调发展、公平发展、高效发展、多维发展，共同发展理念是指在经济增长的各个不同环节中要相辅相成，共同发展，实现双赢；协调发展是指在追求经济增长的同时要保持经济和社会以及环境三者的统一协调进步；公平发展是指不仅要在时间上既满足当代人需要又满足后代人需要，还要在空间上保持既能保证本地区发展又不损坏整体区域的发展水平；高效发展是指在既有资源的基础上既追求经济增长还要保证资源损失的最小化，是可持续发展理念最重要的组成部分；多维发展是指在全球化的时代大潮下为了达到多元化发展所进行的创新性调整。虽然可持续发展理念起源至生态领域，着重体现在对生态系统的保护以及促进其更新速度的加快。随着时代的进步，可持续发展理念不仅局限于资源的开发与保护以及环境保护层面，更多的是追求在其他领域如经济和生活方方面面依然坚持可持续发展。由此更多赋予了可持续发展理念经济属性、社会属性以及科技属性。

为了全面贯彻可持续发展的要求，我们需要遵循以下三个原则：

（1）公平性的原则。根据二八法则以及大数据显示，20%的发达国家消耗了80%的能源，然而全世界却有近1/5的人口依然处于贫穷状态。由此可见，可持续发展理念的公平性原则有两个层面的概念内涵：其一为代际间的公平。由于资源的有限性，既有资源在满足当代人经济发展进步的同时，还要留有满足世世代代长足发展的潜能，不损害后代人的利益。其二为代际内的公平，要满足全世界人民的美好生活愿望以及基本生存需要。由此可见，要想实现可持续发展就需要把解决两极分化、消除贫困当作首要目标。

（2）可持续原则。人类的生存与发展离不开自然资源和生态环境。我们通常所理解的可持续发展是保护地球现有资源在满足当代人的同时能保证后续发展，所以我们在追求经济利益的同时要首先保证不损害现有的自然资源与现有物种的生存环境。那么我们在选择采取何种方式生存发展时应该首先将可持续发展作为自己的首要指南，在发展前制定战略发展纲要以及资源损耗标准等生态红线，相关部门应该优先选择能源损失小的发展方式，减少资源浪费和超定额的消费。在发展中尽量开发并采用可替代的资源，减少资源消耗。究其根本，可持续发展理念的根本内涵就是要讲求人与人之间、人与自然之间的和谐共生，我们要保护好地球的生态链实现生态平衡。

（3）共同性原则。可持续发展的根本内涵是促进人与人之间以及人与自然之间的和谐共生。实现人与自然之间的长期互惠关系要求我们必须坚持共同性原则，坚持可持续发展。虽然世界各国的经济发展水平不一样，文化背景各不相同导致各国在实施可持续发展方面采取不同的措施和具体举措，但是可持续发展是全世界各国人民共同的价值取向和共同的战略目标，所以所要求的公平性原则和可持续原则应该由全世界各族人民所共同遵守，我们需要团结一心，统一战线，在充分考虑地球整体性的基础上实现可持续发展。

2.3.2 循环经济理论

2.3.2.1 循环经济理论的起源

回顾传统的经济发展方式，人们采用粗放式的发展方式，将自然资源提取使用，使用后的废弃物资将直接排放到水中、空气中、土壤中，虽然这种生产方式带来了经济的快速增长但也造成了大量的资源浪费以及环境污染。为了进一步缓解人与自然以及资源的矛盾，循环经济理论应运而生。

循环经济理论最早在马克思时代就曾出现，马克思认为废弃物的回收再利用是资源节约的一种表现，是资本最大化的一种行为。如果想要实现资本的快速循环最好的方法就是实现废弃物的再利用。回顾马克思所处的时代，当时正是工业革命时期，资源的无节制开采浪费正是时代潮流和社会进步的必然趋势，这并不会对人们的生活造成多大的影响。由此马克思的循环经济思想更多的是体现在资本层面，这也显示出循环经济的优势所在。马克思曾指出，循环经济的显著优势是可以在资本竞争和资本累积方面取得巨大成就，这也从侧面显示出循环经济必然是大势所趋。

博尔丁（Boulding）将循环经济理论进行进一步阐述，他将这个理论具体化，将地球比喻成宇宙飞船，他指出宇宙飞船会由于垃圾的不断增多而走向灭亡，同理，地球也会由于过多的垃圾以及资源的逐渐枯竭而走向毁灭。在他看来，循环经济就是要用最少的资源在科技水平不高的前提下，减少资源的浪费和污染物的排放，以此改善粗放掠夺式的资源开发现状，推进可持续发展。

2.3.2.2 循环经济理论的发展

随着社会的不断进步，循环经济理论也在不断地进化。虽然此理论不断升级，但这也是对粗放式资源开发所引起的一系列生态问题的思考。20世纪50年代，社会进步的同时带来了资源的耗竭、环境恶化等一系列问题。短短几十年时间里，全世界很多地方相继爆发环境污染事件，涉及范围越来越大，波及人群越来越多，带来的影响也是越来越深远。这不可避免地增加了去污成本，由此人们才越来越关注环境问题。

在循环经济理论兴起初期，学者们普遍认为，污染治理可以通过市场机制高效完成。他们普遍认同价格机制是由于在大众认知中资源存量可以通过价格来衡量，当资源稀缺时价格不可避免的同方向波动，市场主体为了保持利润总量不变，只有两个方法，其一为提高价格，其二为降低成本。然而有一个问题所有市场主体都必须考虑的就是市场竞争者太多，而其他人又采取减少资源消耗的方式追逐利润，那么其他参与者不得不采用同样的方式降低成本。由此资源价格的上涨让更多的市场主体投入到创新资源利用方式的革命中。但是学者忽视了一个非

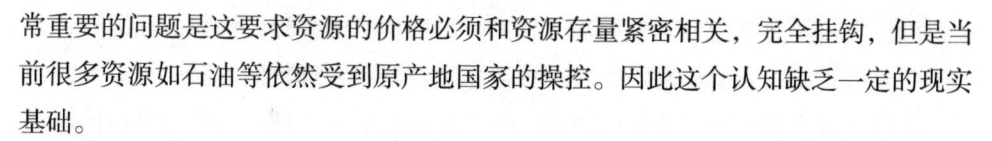

常重要的问题是这要求资源的价格必须和资源存量紧密相关,完全挂钩,但是当前很多资源如石油等依然受到原产地国家的操控。因此这个认知缺乏一定的现实基础。

随着污染的进一步恶化,越来越多的国家采取政府宏观调控的方法治理污染,其中最常用的方法是政府管控个人与企业的废弃物排放,要求污染物排放之前必须采取净化措施。虽然这种方式的针对性比较强,但是在管理过程中需要政府耗费大量的人力、物力、财力,带来的成本过高。因此推动了人们在源头上考虑能源把控,循环经济理论得到再一次的发展。

1980年左右,西方国家在处理污染方面采取了全新的方式,从以前的末端治理到现在的源头把控。如何在源头上解决污染问题成为学者当下最关注的问题之一。这不得不将循环经济的6R原则引入研究中。6R原则是指减量化原则(Reduce)、再利用原则(Reuse)、资源化原则(Recycle)、再思考原则(Rethink)、再修复原则(Repair)、再建构原则(Rebuilt)。具体解释为:

(1)减量化原则。循环经济理论中最重要的就是减量化原则。这项原则的指导思想是在工业生产过程中的各个环节都对废弃物进行有效管理,从源头上对进入到生产过程中以及在社会消费流通过程中的资源总量,也就是说,要在工业活动开始之前就制订节约资源的计划,从源头上节约资源能源,在生产过程中提高资源的利用率,将资源的产出最大化,降低废弃物的排放。在工业产出过程中,生产者采取高科技手段,运用先进的生产技术或者降低生产投入的能源总量以及减少废弃物的排放。在消费流通环节,人们逐渐由过度消费转变为环境友好型消费,减少对环境污染的有害商品的购买,转而购买无害型产品。其实在社会流通环节的减量化原则相比于生产环节更容易实现,比如人们可以选择购买包装相对简单而且耐用的物品,这都会减少废弃物的排放,促进资源节约型社会的形成。

(2)再利用原则。再利用原则主要是强调人们减少对新物品的购买,尽量将已购物品实现价值最大化。以重复利用既有资源的方式避免资源过早变成废弃物排放。再利用首先需要从源头考虑,这就要求厂商在生产过程中使用标准尺寸设计生产,这其中最值得一提的便是德国、法国等国家在汽车生产过程中会尽量使汽车转变成各种便于拆卸和再次利用的零部件。其次在社会流通环节中,在日常生活中遇到废弃物时先考虑这件物品是否还有利用价值,再利用的首要原则是废物变新,是修理而不是换新。此外,还可以采取以物易物的方式减少更新的频率,也可以将我们暂时不需要的东西送给别人，发挥物品的余热，例如，在国外，大部人总是喜欢从中介机构购买一些二手商品或者是略有瑕疵的商品。最重要的是我们可以发现生活中可以重复利用的物品，如快递盒子、饮料瓶等都可以回收利用，在生活中减少资源消耗的发生。

（3）资源化原则。这项原则是指要尽可能的使资源得以重复利用或者是循环再利用。在生产中尽量对可再次利用的能源资源进行再次加工进入生产环节，甚至可以变成新的产品再次进入流通环节，从根本上减少废弃物出现的可能性。例如，可以将一些固态垃圾进行碾压变成其他工业生产的原材料进入生产环节，减少治理污染成本；对于水污染使用高科技手段，去除污染物，达到对人体无害的标准后进行循环使用，比如进行灌溉、冲洗街道等，既节约了水资源又缓解了水污染，一举两得。

（4）再思考原则。从对生态环境的思考出发，以保护生态环境为出发点，创新经济发展方式。在新经济理念的指引下，学者以及企业家不但注重资本、劳动力的有机结合与发展，还注重保护自然资源。在该理论的指导下，工业生产的目标不再局限于创造财富，而是要把保护环境作为首要目标。

（5）再修复原则。从党的十九大提出新发展理念以来，修复已经被破坏的生态环境成为一个趋势。生态系统是我们的一笔重要财富，也是我们赖以生存的环境，因此不断充实新发展理论迫在眉睫。这不仅仅是对当今环境问题的一个思考，更是促进人与自然和谐共生的必经之路。

（6）再建构原则。对经济进行重新建构最重要的不仅仅是考虑经济因素是否会对循环经济理论产生作用，根据这种作用方式制定有针对性的具体举措，更为重要的是需要考虑一个国家的社会因素、文化因素以及经济发展方式，甚至是人类的生存对循环经济的作用方式。转变传统的经济发展方式，使循环经济进入大众视野成为习惯性的生产方式。

6R 原则的一个突出特点是：这 6 个环节组成了一个不可分割的循环，但是根据各国国情的不同，使用起来需要结合当地的具体实践，避免出现生搬硬套的情况。这 6 个环节是相互承接的关系，其中再建构是对前面五个环节的总结，但也是新的经济循环的开始，是对再修复的具体应用，并在应用过程中对其进行了创新和改良。

2.3.2.3 循环经济的具体内涵

唯物史观认为无论哪个时代，我们所了解的自然界是在一定历史条件下的自然界，这无疑是坚持了马克思主义的历史观，反对将人与自然割裂谈发展。循环经济模式正是要准确把握人与自然的关系，促进资源节约的人与自然关系的形成。所以我们在对循环经济的研究中必须将马克思主义的唯物史观贯穿始终。回顾马克思主义，尤其强调人的生存与发展，认为人是价值论的核心。因此只有在马克思主义关于人的发展理念的指引下我们方可深入发掘出循环经济理论的人文主义精神所在。

关于对循环经济实质的探讨发现，循环经济理论的根本内涵与生态经济理论几乎等同。陈翔、肖序指出循环经济就是同时阐述经济、社会与环境三方效益的一个综合性构念。并指出当下循环经济的研究主要集中在以下三个方面：其一是着重研究循环经济的测量及评价方法；其二是针对不同区域进行研究，比较不同区域循环经济效率差异；其三是比较在静态和动态两种不同的视角下循环经济效率是否存在差异。李斌、曹万林认为循环经济是实现可持续发展的必经之路，是可持续发展减量化原则以及在源头控制环境污染和资源浪费的具体体现。在曲格平看来，循环经济在本质上与循环经济没什么不同，他主张应该遵循生态规律，以生态规律作为工业生活活动的根本行动指南。王如松指出循环经济与生态经济是同一个概念，生态经济是对循环经济理论的通俗化理解，主要是在生态环境的视角下强调生态与经济发展规律的密切联系，其主要作用是促进资源的有效利用，建设网络型与不断升级进化的符合经济发展要求与生态规律的生态经济。就其本质来说循环经济是一个能量、信息的转换，物质因素循环、资金融汇的过程。

具体而言，循环经济是以"减量化、再利用、资源化、再思考、再修复、再建构"为行动原则，以提高资源利用率，降低能耗，减少污染物排放，促进废弃物再利用为根本行动指南的经济发展理念，是对可持续发展理念的延续。循环经济理念的最终目标是实现人与自然的和谐共生。

2.3.3 科技产业可持续发展

汤因比认为科技的发展使其与人类社会越来越难以分割，以至于不存在没有人为因素的天灾。如果放任生态环境的恶化，经济系统最终也会土崩瓦解；反之，如果没有经营好经济系统，生态系统也会随之被摧毁。然而随着经济社会的发展，带来了严重的环境问题，为了解决这个问题，保证经济增长的同时促进人类社会的长久生存与发展，可持续发展理论应运而生。可持续发展理念强调人与自然的长足发展，倡导在以人为本的原则下，尊重自然规律，保存自然界长久发展的潜能。该观念中评价尺度应该兼顾对环境的评估与经济社会的评价，使两者相互促进，共同进步，在满足两者共同进步时需要将科学技术纳入考虑范围中。

科学技术具有两面性，一方面科技带来了人类社会的进步，另一方面也不可避免地带来了一系列环境问题等负面影响。因此，我们需要充分发挥能动性，使科技进步，最大可能地满足可持续发展。其一，科技的进步一方面带来社会的进步，带来经济效益，另一方面也为改善生态环境，实现可持续发展做出了巨大贡献；其二，可持续发展理念的导向下，可以规范科学技术的使用，适当使用科学技术，实现人与自然和谐发展，达到科学技术与可持续发展的共同进步。

科技产业的发展模式需要坚持以下三个方面的原则：

（1）适应经济社会可持续发展的要求。这个原则要求生产者需要不断进行技术创新，优化生产程序，清洁生产。充分发挥科学技术对于经济社会发展的奠基作用，不断研发清洁能源，减少资源浪费，对废弃物进行再利用，缓解当前资源短缺的问题。

（2）适应生态环境可持续发展的要求。科技产业的发展需要以环境保护为导向，促进资源节约型环境友好型社会的形成。以不破坏生态环境为原则，努力为实现经济、社会、环境三者和谐发展而努力。

（3）处理好经济社会发展与生态环境的矛盾。科学技术的进步在促进清洁生产方面做出了很大贡献，科技的进步使生产在源头方面尽可能减少资源的投入，提高资源使用效率，并针对废弃物有效再利用。一方面减少环境治理成本，促进经济发展，另一方面在最大程度上减少对环境的破坏。

通过上述分析可知，首先，科技产业的发展需要不断进行技术创新，在产出的各个环节体现创新活动，不断提高经济效益，促进经济进步。其次，科技产业需兼顾生态效益，在发展中谋求可持续发展，为后代人的发展留有潜力。在发展中促进经济、社会、生态三者的有机协调，共同发展。

2.4 科技产业可持续发展总体模式

2.4.1 循环经济型可持续发展模式

黑龙江省是一个资源型的城市，对于这样的城市来说最需要重视的就是如何防止资源枯竭，那么如何延长资源的使用年限保护生态环境就成为最需要解决的问题。循环经济理论强调资源的再利用，以资源的循环利用为主要方式延长资源的开发寿命，并且从源头上减少污染的排放。通过上述分析发现，学者认为循环经济的发展模式就是提高资源的使用效率，资源多次循环利用，这样不仅可以减少污染的排放还能减少治理污染的成本。除此之外，这种新经济发展方式强调对废弃物的重复利用，这提升了资源的利用率，进一步降低生产成本，保护资源的可持续发展。

由此可见，循环经济是当今时代应该着重发展的经济理念，对循环经济的发展模式的研究有利于深入发掘循环经济的优势，不断完善。纵观循环经济的发展历程，大致可以分为三种模式。

首先是单一企业的"小循环"试点阶段，在这个阶段最著名的就是美国的杜邦公司。20世纪80年代，杜邦公司就主张节能减排，从源头上减少资源的投入，进行绿色生产，并创新性地提出了3R法则，在生产过程中尽可能回收废弃物做到再利用。此外不断研发新的可替代的原料，资源循环利用，促进了经济收益的显著提升。究其根本，单个企业的小循环就是通过较少废弃物的排放增加其利用率，以期达到降低能耗，减少污染、降低成本的目的。

其次是生态园的"中循环"发展模式，这种发展模式不再局限于单个企业，而是强调区域间的循环，打破了以往单个企业的循环模式。这种经济发展模式是企业间的联系，采用产业聚集的生态模式对工业产出进行材料、信息、能源的集成，形成企业间联系的产业链。促进企业的协作共生。这种模式的根本目的是联系分散的小生产单元，最终实现资源共通，降低能耗，再利用工业废弃物，在实现经济增长的同时促进人与自然和谐共生。

最后是循环型社会的建设。这种循环模式是更大规模的循环，是在全国范围内进行的，以期以旧物回收的方式实现生产、消费、消费后的循环。从企业到生态园再至整个产业链，范围逐渐扩大，由小循环逐渐变为大循环，方式由单纯的废弃物再回收利用转变为生产链的大循环。循环经济的发展是大势所趋，最终会实现循环性社会的形成。

通过这些举措，短短15年时间，废弃物减少了20%，空气质量也得到了显著提升，调查显示，污染物含量减少了75%。

2.4.2 技术创新模式下的可持续发展

在可持续发展理念的深入发展的趋势下，该理念进一步被划分为两个层次：弱可持续发展性和强可持续发展性。其中弱可持续发展性是指资源可以分为自然资源与人造资源，这两种形式的资源可以相互替代，只要能将发展所造成的自然资源损失进行补偿，就可以肆意使用自然资源，放纵自然环境的退化。在弱可持续性的发展模式下由于在很大程度上依赖于技术创新水平，使自然资源与人造资源的替代性存在着很大程度的不稳定性。强可持续发展性的主要特征是要处理好社会、环境以及经济三者的关系问题，做到共同发展共同进步，其主要宗旨是促进环境、经济、社会所构成的复合系统稳健发展，强调经济的发展应该是以保护环境为目标，保证资源可持续发展为前提，促进经济健康高质量发展。在这个层面上，自然资源和人造资源应该是互补关系而不是互为替代。主张不仅仅追求经济价值，更是要兼顾社会价值和生态价值。

在强可持续发展的指导下，自然资源与人造资源应该是相互独立的两种形式，那么科技产业可以仿照自然界的循环系统，形成以资源的少投入、重利用、降能耗为目标的循环性的技术创新模式，并且在控制阶段，建立绿色预结算体系。

以往的技术创新往往强调将最终产出市场化，这就不可避免地造成创新活动与生态环境站在了对立面。这种创新活动的物质和能量的传递方式是线性的和单向的，无法在产出的各个环节中反映出以技术创新保护生态环境的目标。而在强可持续发展性的视角下，技术创新活动的指南是在追求生态效益的基础上实现经济效用，需要将以技术创新促进可持续发展的目标贯穿于生产的各个环节，形成循环性的技术创新模式。

这种技术创新模式下涵盖了五个方面的能源循环，分别为：创新源—生态环境循环、研究与开发—生态环境循环、生产工程—生态系统循环、营销—生态环境循环、销售市场—生态环境循环。可以理解为在生产过程的各个环节中应用技术创新推动生态的可持续发展。具体解释为首先在技术创新的源头环节，即创新构想的形成与实施过程中，运用环境影响评价体系对科技产业的技术创新活动进行评估，对该活动的应用对环境的影响进行客观评估，着重强调科技创新对生态环境改善的优势，以保护生态环境为导向促进创新活动的进行。其次在研发方面，在产品的设计、测试再到最后的大规模投入产出的过程中全面贯彻保护环境以及生命周期的目标。具体体现在从原材料的选用方面要优先选择低碳材料，降低对环境的影响，尽可能循环利用，提高使用效率，减少材料的使用，完善生产技术、销售系统等，使产品兼具经济价值与生态价值。在生产过程中，减少对资源的使用和浪费，节能减排，降低废弃物的排放率，以减少产品从生产到生命周期的末端的全过程对环境的破坏。采用绿色的生产技术，对生产过程的每个环节进行污染控制，以减少污染的治理成本。在产品的推销过程中，厂商需要以客户为导向，全面执行绿色生产原则，减少因库存的积压而造成的资源浪费。在进入市场后，因势利导，宣传再利用理念，延长产品的生命周期。

综上，这种技术创新型的可持续发展模式贯穿了环境影响评价系统、贯穿生产始终的环保理念、优化生产系统、柔性生产、再利用原则这五个方面的循环，在推动经济发展的过程中兼具环境保护，使产品具有经济效益、社会效益与生态效益。

建立生态化结算体系，传统观念中对产业技术创新的评价局限于经济收益，而忽视了生态价值，生产者的生态成本被排除在外。然而在可持续发展理念的指导下，将生态观念贯穿于产业技术创新的始终，要求生产者在计算成本时需要将资源的合理利用与环境保护纳入其中。因此，需要建立生态化的结算体系，对生产者的技术创新活动进行环境影响评估。

生态化的结算体系假设结算过程是一个连续的年度，在这个期间内完整地记录有关生态的收支状况，在本次预算结束后对本年度的生态收支进行汇总计算。具体来说，这样的记录方式形成了年度的准备阶段、执行阶段以及汇总阶段。在第一阶段，主要是对本年度的生态收支进行计划，制定生态收支的预算范围；在第二阶段，主要将在本年度的开支中与生态环境有关的收支进行记录，并在相应的账目中具体列出、汇总、制定报表；在第三阶段，由专门的审计部门进行审计评估，并以审计结果作为下一年度预算制定的依据。每次周期循环结束都会对这个循环进行总结，为下一次循环提供经验，周而复始，提高对生态环境的管理水平，达到生态的可持续发展。

2.5 科技产业的发展趋势

在经济社会快速发展的当今社会，科技产业的重要地位被各个国家所认可，科技产业的发展成为各个国家关注的焦点问题，各国之间的竞争逐渐转变为科学技术发展水平之间的比较。科技产业的发展越来越受到重视，各国在科技产业领域投入的精力越来越多。未来科技产业发展趋势主要表现在以下方面：

2.5.1 快速发展的新材料产业

科技产业涉及的领域主要有信息技术、生物技术和新材料技术。当今时代是信息时代，信息技术决定信息的传递和处理，决定着社会经济的发展。曾有专家提出观点，在未来科技发展的历程中，能够起到关键性、决定性作用的是不断发展进步的计算机技术、生物技术，通过不断的研究探索而形成的智能化、自动化等新功能推动着技术进步。与此同时，新材料产业同样发挥着重要的作用，推动世界工业革命发展主要依靠新材料产业。就新材料产业而言，信息技术的发展推动了新材料技术的进步，现在的新材料技术已经渗透到许多产业中，例如，纺织业受到了最深的影响，除此之外，化学原料等行业也会受到新材料技术的影响。

2.5.2 环保产业转变为新的竞争领域

知识经济时代到来，人类对环保有了新的认识，人类逐渐意识到优质的环境对人类的重要意义，环保理念深入人心。可持续发展理念的提出旨在强调环境保护和资源的有效、持久使用，环保的号角已经吹响，环保的成果靠人类共同的努力。当前，各国政府都已经加大对环保事业的投入，世界各国已经认识到环保的重要性，在环保市场和环保产业上展开角逐。随着环保技术的进步，无论是在农业领域、林业领域，还是渔业和放牧业等，技术进步有助于环境保护。在农业领域，退耕还林还草、保持水土平衡等；在林业领域，严格管控森林乱砍滥伐、植被破坏等现象；在放牧业领域，控制放牧范围等。和国外发达国家相比，我国环保技术还有待提高，如资源回收技术、制冷技术等在发达国家的应用非常广泛，除此之外，像美国等国家对环保产业的投入力度极大，积极利用计算机、新材料等技术制造环保产品，这些都值得我们借鉴。由此可见，世界各国都在为防止环境恶化、保护环境而努力。

2.5.3 领先发展的信息技术产业

当今时代，全球各地都在感受信息时代的魅力，信息时代的快速发展已经改变了人类的生活和工作，在这个信息时代，掌握了最新信息的人和组织，拥有独特的资源，能够获得发展先机。在这样的时代背景下，信息技术产业的发展始终处于领先位置，自动化、智能化成为时代代名词，信息技术产业的高速发展推动着经济时代的进步。

2.5.4 不断发展的航天技术

人类从未停止过对宇宙的探索，21世纪以来，人类对月球的认知越发的清晰，不断进步的航空航天技术使人类的空间探索能力、太空认知能力和开发月球资源的能力逐步加强，同时在不断探索月球的过程中，人类的航空航天技术在不断地改进与调试，这样良性的循环推动着人类文明。随着时间的推移，人类移居月球、到月球采矿的梦想都将成为现实。

2.5.5 数字经济成为增长新动能

数字经济是以数据资源为关键要素，以现代信息网络为主要载体，以信息通信技术融合应用、全要素数字化转型为重要推动力的新经济形态。数字经济通过不断升级的数据中心、工业互联网、5G通信等基础设施与智能机等信息工具，通过大数据、云计算、人工智能、区块链、物联网等信息技术，推动经济形态由工业经济向信息经济→知识经济→智慧经济形态转化，提高产品、企业、产业的科技附加值，推动生产力发展。主要包括数字化的技术、商品与服务向传统产业进行多方向、多层面与多链条的加速渗透，即产业数字化；以及推动数据要素的产业化、商业化和市场化，发展数字技术、数据要素的产业链和产业集群，并为产业数字化发展提供基础设施和解决方案，即数字产业化。

2.5.6 生物经济成为增长新业态

生物经济发展与全球生物技术和产业变革浪潮形成重大历史性交汇，生物经济引领的新产业革命即将到来。生物经济是以生命科学和生物技术的发展进步和普及应用为基础的新经济形态，是建立在生物技术产品和产业之上的经济。生物经济为农业、健康医疗、能源、环境等产业的绿色革命创造了新的可持续发展平台，通过生物产品和生物过程制造的潜在价值赢得新的增长。

2.6 科技产业发展的重要意义

科技发明、科技创新需要以科学知识为基础，通过科研人员的不懈努力，完成新老技术的交替更迭，将科学技术、科学知识转换为产品，进而提高社会生产力，获得更多的社会收益和经济利益，由此可见，推动科技产业的发展对人类社会具有非常重要的意义，下面以黑龙江省为研究对象，阐释科技产业的发展对黑龙江省的重要意义。

2.6.1 有助于推进区域经济发展

经济的发展有赖于科学技术进步、社会生产力的提高，同样，不断发展进步的社会环境为科技产业的发展提供了一个良好的平台，这是一个良性循环的过程。以生物技术、新材料技术和信息技术为主要代表的科技产业近年来表现出迅猛的发展态势，特别是生物技术的发展，生物技术正在慢慢改变传统农业生产，为传统行业注入了新鲜血液。黑龙江省经济收入主要以农业为主，传统农业投入大、收益少、见效慢，存在很多不确定客观环境因素，生物技术的发展加之政府的重视、政策的支持，为黑龙江省科技产业的发展提供了良好的环境，这有助于加快黑龙江省的经济发展。

2.6.2 有助于推进高校和科研院所的发展

（1）搭建起研发机构与科研企业间的桥梁。借助高校的优质资源为黑龙江科技企业成立咨询服务中心，聘请来自哈工大、哈工程等国内知名高校的优秀学者，就科技产业发展过程中的系列问题进行解答，政府相关部门负责在科技企业与高校、研究所、研发机构之间起到良好的沟通作用，做好协调工作。

（2）有助于高校教师自创科技企业。随着黑龙江省政府对科技产业重视程度的提高，相关政策支持陆续出台，黑龙江省科技企业的数量在大幅提高，一部分原因是省内鼓励科研成果转化生产力，支持高校教师创办科技企业，在这一过程中，良性循环使得省内科技企业数量增多、实力增强，科技产业得到发展。

2.6.3 有助于加快产学研结合

黑龙江省政府部门已经意识到科技产业对于发展黑龙江省经济情况的重要作用，在长期规划中，成立由企业、高校、科研院所共同组建的试验园区、科技园等，同时搭建科学技术网络平台，引进数据库，为科技产业的发展提供必要的数据、文献和技术资源，进而帮助黑龙江省内科技企业、高校和科研院所之间有效关联起来，推进三者共同发展。

增强科技产业建设力度，在政府的大力支持下，科协参与负责科研成果的转换、认定、记录和存档，严格把控各个环节，将区域内高等院校、研究所、科研实验室等优质资源联合起来，团体间相互合作，组成科技创新集合。发挥中介机构在技术服务、技术评估和信息咨询等方面的服务，加快企业和科研机构、高校之间的合作。同时，发挥网络平台的作用，通过网络上的信息资源，有效发挥产

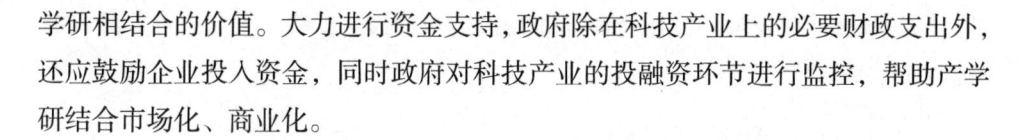

学研相结合的价值。大力进行资金支持，政府除在科技产业上的必要财政支出外，还应鼓励企业投入资金，同时政府对科技产业的投融资环节进行监控，帮助产学研结合市场化、商业化。

2.6.4 有助于地区间的合作

发展科技产业的过程中拓宽了黑龙江省与其他地区交流合作的空间，在招商引资环节加强沟通，有助于信息的高效利用，缓和地区之间的资金竞争。政府与政府相关部门之间的联系更加紧密，相关部门相互学习、借鉴经验。建立各地区科技企业之间的联系，组建企业间合作同盟，有助于资源共享，进而实现双赢。

2.6.5 科技产业为新时代发展打下基础

21世纪被称作知识经济时代，也被称为信息时代。信息量大，信息传播速度快，知识更新换代速度快是这个时代的特征，只有掌握了信息和知识，才能在大数据时代夺得发展的先机。数字化和网络化不是导致知识经济快速发展的根本原因，其根本原因是由信息技术革命带来的。网络通信和电子信息技术的快速发展，使得信息的储存、传递等功能越来越强大，网络成为人类生活不可缺少的一部分。在现代社会中，电子信息技术的广泛应用有助于知识价值的实现，使新知识走上工业化、商业化和市场化进程，科技产业为新经济时代发展打下基础。

2.7 科技产业发展支撑体系

从科技产业发展的实际经验分析科技产业发展的支撑体系。

2.7.1 地方政府及相关部门

地方政府通过出台相关政策和法律法规引导和支持科技产业发展，任何一件事物的良性发展都是需要一定的规章制度来制约和保障的，科技产业的迅速良性发展也是需要相应完善的政策、法律法规体系来提供保障，一套科技产业相关的完善的政策、法律法规体系一般包含制度环境建设、投融资体系建设、人才资源建设等方面的内容，并且还应由专门的组织监管机构组建等。在制定科技产业相关政策、法律法规的过程中，政府应该着重建立完善的市场规则和制度，扮演好掌舵者的角色，对我国科技产业的发展方向制定正确的规划；出台各种技术、财政优惠、投融资政策，提供技术、经费支持；对法律法规体系进行不断的健全，尽力弥补科技产业发展的法律空白，如完善知识产权保护法。为科技产业的发展营造良好的环境。

2.7.2 高校和科研机构

科技产业的发展离不开高科技人才，而高校和各级各类科研机构是科技人才培养的摇篮。在我国，各类人才培养和科学研究是我国高校和科研机构的两项基本职能，高校和科研机构在科技产业发展的过程中发挥着基础性、战略性和先导性作用。高校和科研机构培养的各类人才对科技产业的发展有着非常重要的作用，如美国硅谷的快速发展就离不开高校的人才支持，美国斯坦福大学等高校向硅谷湾区高科技产业提供了大量的源头技术供给，硅谷电子信息行业的发展都得益于这些高校教师和学生的创新科技技术供给，如激光、半导体、计算机、互联网、软件等。

2.7.3 科技中介机构

科技中介机构指科技成果从产生到实现产业化的过程中，为了促进科技生产力的发展，促使科技与经济融合，而对科技企业提供信息、咨询、服务的非政府组织。科技中介的主营业务主要有成果转化、科技咨询、创业孵化三大类。科技中介机构是我国创新体系中一个重要的组成部分，在市场经济体制的环境下，科技中介机构是以专业的知识、技能体系为基础与市场上各类科技创新主体和要素建立密切的联系，为市场科技创新活动提供优质的支撑性服务，它具有承接科技创新主体向市场推广科技成果与服务市场的需求意识，是搭建市场信息交流平台、促进科研成果转化为生产力的主要环节，是加速科技成果转化速度的关键因素，在加速科技成果向产业化发展、降低企业创新风险等方面有着非常重要的作用，同时对科技产业的发展也有着积极的促进作用。

科技中介机构在促进科技创新和科技产业发展的过程中有着助推剂的作用。历史表明，西方发达国家对于科技中介机构的建设和发展极其重视，美国的科技中介机构功能最为完善，结构最为合理，已经建立起来了以中小企业信息中心、小企业发展中心为核心的全国网络化布局，主要是为市场上的各类中、小企业提供技术创新、专业咨询等方面的服务：例如，美国绝大多数的大学都基本建设有技术转让服务机构、法律法规咨询、科学技术生产力发展促进中心等机构和中心，这些机构和中心有效地促进了美国科技产业产学研协同创新和科技成果的商业化转化的发展过程，促进了美国科技产业的发展。同时，我国也认识到了科技中介机构在科技产业发展过程中的重要作用，科技部颁布了《关于大力发展科技中介机构的意见》。意见中提出，积极促进社会发展各类资源创新配置、法律服务、管理咨询、科学技术评估扩散、科技成果产业化发展等相关领域的科技中介机构，充分发挥科技中介机构对我国科技产业发展的促进作用。

2.7.4 科技产业集群

科技产业集群对于科学技术的创新变革有着非常重要的促进作用，很多学者认为，各个企业之间主要是通过产业集群来加强他们之间的生产联系，产业集群可以大大缩减企业对于科技知识了解学习的时间，更多可能地激发企业的高生产率和创新意识；另一些学者认为，科技产业集群并不能够完全激发企业的创新，激发科技产业创新最关键的因素在于能否更好地学习到全球企业发展经验的本质，然后把这些经验本质与科技产业集群发展之间建立起良好且有效的联系，这样才能更好地激发科技产业的发展。无论是上述的哪种观点，均揭示了科技产业集群将对科技产业技术创新和产业的发展起着重要的作用。孟祺在研究中提出目前我国的创新能力和积极性在一定程度上都存在着困难，科技企业要是想快速良好发展就必须采取科技产业集聚的模式，让集聚区内的企业充当技术创新的主力军，带动科技产业的发展。

北京城市群高科技园区是国家为推动区域间科技产业协同发展的重大战略布局，它是由京津冀地区的14个国家级园区及40个省级园区构成。国家建立京津冀城市群高科技园区主要目的是想采取合作转移模式，通过北京的高科技产业园区中的企业在津冀科技产业园区设立分支机构、直接投融资，开展项目对接、技术合作研发、人才交流等业务带动津冀科技产业的发展（图2-2）。例如，用友软件（北京）在津冀两地的唐山、保定等地下设成立了四家分公司；中科院、北京大学与天津市政府一起合作建立了电子信息产业研究院，带动天津电子信息的发展；中关村与津冀两地的正定、宝抵合作共建了园区发展公司，带动津冀科技产业园区的发展；中关村科技园管委会与津冀两地的唐山、廊坊、保定、宝抵、滨海新区等地签订了战略合作协议，为其提供人才交流、干部挂职、培训等项目。

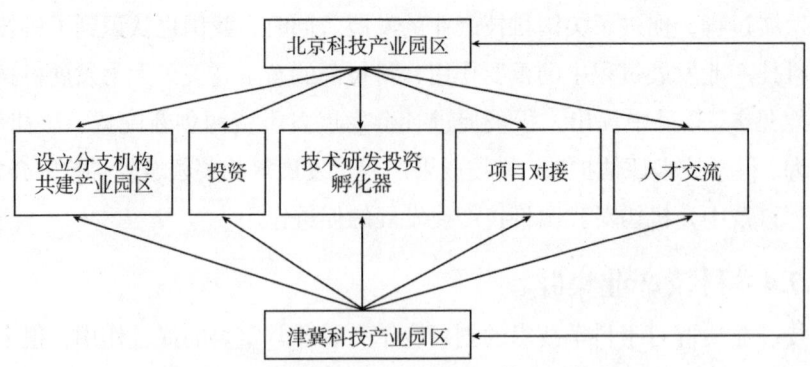

图2-2 京津冀城市群高科技园区的协同发展模式

2.7.5 科技人才

科技产业的性质特点决定了科技产业的发展离不开人才资源的支撑，人才是科技产业发展的力量源泉，同时也是科技产业发展的核心要素，如果没有科技人才作为基础，那么科技产业的发展将会变得很难。同时，一个科技企业的科技人才的数量在很大程度决定了这个企业的规模。对于科技产业来说，加大引进和培养科技产业发展需求的人才对推动科技产业的发展有着重要的作用。陈万里指出人才是某个区域重点产业发展的主要因素，提出应以区域重点产业发展诉求所需要的人才为重点，大力推动区域重点产业成为人才聚集高地，实现人才集聚与产业集聚相结合。魏纪林等人在研究湖北省科技园区人才政策时，指出开发一个科技产业需要大量专业技术人才，政府和科技园区应着力招收、培养和引进此类人才，并对其实行跟踪服务。科技人才的质量与数量决定了科技产业的发展水平，甚至在很大程度上决定着一个科技产业发展的前景。

第3章 发达国家和地区科技产业政策的比较研究

进入 21 世纪，随着知识经济时代的到来，一个国家和民族综合实力的强弱已经不能凭借过去在战场上的胜败来评判，如今，科技产业的发展已经成为各国经济迅速发展的强大推动力，科技产业更是各国在世界之林屹立不倒的决定性因素。科技产业的发展对于改造传统产业、推动产业创新和优化升级、推动新兴产业的发展、提高国家经济发展的速度和质量等方面产生了非常重要的正面作用。科技产业的健康发展离不开正确政策的引导和政府在各方面的支持，由于各个国家的自然条件、国情国体、社会背景、历史文化和经济发展状况各不相同，各国政府依据本国的具体情况制定适合本国的科技产业政策来推动国家发展，因此形成的科技产业政策各具本国特色。我国作为新兴大国以势不可挡的劲头飞速发展，要保持稳定发展，借鉴成功的科技产业政策十分必要。对美国、英国、德国等具有典型意义的发达国家和区域的科技产业政策进行比较研究，通过分析这些国家的科技产业政策的发展历史和特点，并联系我国现实具体情况，分析出对我国科技产业发展的重要启示。

3.1 国外发达国家科技产业政策分析

3.1.1 美国的科技产业政策

3.1.1.1 美国科技产业政策发展历程

近代美国的崛起令世界瞩目，一个很重要的原因就是美国一直将科学技术与经济发展紧密地捆绑在一起。美国是较早制定科技产业有关政策的国家，其科技产业政策的成长发展一共分为五个阶段，分别是建国后至南北战争时期、"二战"时期、冷战时期、冷战后期以及后冷战期。

（1）建国初期，美国的统治者就十分重视科技事业，一方面，为了提升国际竞争力、创新发展本国产业和优化产业机构，美国政府反对专制，采取了放任自由开放的科技产业政策，减少政府对科技产业发展的干预，使科技产业有充足的成长空间和自由。另一方面，为了使科学技术产业更好地发展，美国政府直接参与并支持科技事业，积极地刺激、鼓励创造性科技研究开发，在1787年美国宪法中明确指出"为促进科学和实用技艺的进步，对作家和发明家的著作和发明，在一定期限内给予专利权的保障"，这对于激发民间团体、个人科学技术发明创造具有积极的作用。18世纪后期，美国科技开始制度化，一些正规的学术科研团队开始出现。

（2）南北战争至"二战"爆发前，政府直接参与并指导科技产业，政治家们十分热衷于科技产业的发展。为了满足现实需要，此时的美国科技产业趋向于发展国防和农业，国防和农业科技方面占研发总投入的大多数。1862年，美国设立农业部，次年，成立国家科学院。这期间，政府发起的科学技术团体的数量更多，规模也更加庞大，政府对于科技研发投入更多的资金、人才，在政府和科技产业之间形成了非常和谐的关系，在政府的干预指导下，美国的科技得到了更好的发展。

（3）"二战"至60年代末，美国的科技产业进入全面的制度化阶段。随着战争的爆发，科技产业发展方向开始转变，政府的工作着重于对全国科技产业体系进行管理，在"二战"中，美国科技的力量发挥了巨大的力量，美国的综合国力显著增强，成为世界上经济、军事、科技强国。罗斯福、布什、杜鲁门等政治家们对美国科技政策产生了深远影响，如"曼哈顿计划""国家防务研究委员会""科学研究与研发办公室""战后复兴计划""阿波罗计划"等。美国将发展科技产业作为强国之本，利用科技产业的优势加强综合国力，称霸世界。

（4）1970—1980年，美国的科技产业政策进入改革调整阶段，在坚持以军事科技为重点的同时将科技社会化，增加社会服务方面的投入，如环境、医疗、能源等方面。鼓励政府和企业之间进行科技合作，激发出科技产业对社会更多的积极影响。

（5）进入21世纪以来，随着新经济时代的到来，社会各界认识到了科技产业的重要性，美国对科技产业的创新更加重视起来。高新技术产业犹如一颗新星在政府的大力支持下冉冉升起，尤其是信息科技产业，美国政府曾提出"要确保以信息化为根本的基础上美国科技产业的领先地位"，联邦政府逐年加大对科技产业的物力、人力等投入。为鼓励科技创新，为国家软实力与综合国力服务，美国政府进行了科技税收优待政策，如税费抵免、加快折旧、教学与科技研发费用减免等。

3.1.1.2 美国科技产业政策特点

（1）政府发挥辅助作用，提供多方支持。美国实行的是充分发挥市场对资源进行有效配置的运行体系，政府给予企业民间组织充分的发展空间，适时调整政策，为科技产业更好的成长创造了良好的社会环境。

（2）肯定企业组织的科技创新主体地位。美国是私有经济十分发达的国家，私有企业在科技产业中扮演着重要的角色，私有企业不仅是科技产业主要的投资者，更是科技成果的占有者。

（3）科技立法十分完善，保障科技产业发展。美国最早的科技政策就是通过法律的形式得到保障的，基本法、专利法、机构法、税法和授权法等组成了一个日益完善的科技法律体系，为科技产业提供了一个稳定、公平、安全的发展环境。美国的立法和司法系统非常健全，在科技产业管理中体现出极为重要的影响，为创立科技创新机制夯实基础。

（4）重视国际科技的交流与合作。美国与世界上多数国家建立了科技交流与合作关系，促进与各国在科技领域的合作，早在1979年，美国就同中国签订了科技合作协议。在科技上的对外交流合作，不仅可以改进外交关系，缓解紧张的国际局势，而且可以增强美国的科技实力。

（5）强调科技人才培养，国家教育体系健全。美国十分重视科技人才的培养，教育经费较其他国家投入得更多，在美国的历史上涌现出一代又一代卓越出色的科学家，为美国的科技产业高质量发展贡献力量。

3.1.2 英国的科技产业政策

3.1.2.1 英国科技产业政策发展历程

英国曾经引领了世界第一次和第二次工业革命，为世界科技的发展做出了巨大贡献。如何保持这样的科技优势成为各政治家们值得思考并解决的问题，因此政府实施调整科技政策以保证本国的科技产业活力。

（1）20世纪初期，英国政府在国内外的强大压力和刺激下，意识到必须发展科技与教育，在1916年12月，英国创立了科学与工业研究部，这是其历史上第一个专门管理科学技术与工业研究的国家权力机构，是英国国家科技政策形成的重要标志。

（2）20世纪50年代中后期，发展科技是国家的主要发展目标，科技政策是重要的国家政策之一，但由于国际形势和冷战的影响，英国的科技政策与战争联系在一起，导致英国再次错过世界第三次科技革命的大好时机。

（3）20世纪70年代，为振兴科技实力，重拾科技活力，英国举国上下高度重视科技的发展，政府大规模调整国家科技政策。

（4）20世纪90年代，新兴科技产业开始萌芽，在国家综合国力的发展对科技创新的需要下，英国政府确立了全新的科技战略，该战略以基础科研为主导、技术预见为指导，推动本国经济的发展。

（5）进入21世纪，随着经济全球化的势不可挡，高新技术产业的出现，英国政府发表了《卓越与机会——面向21世纪的科学与创新政策》白皮书，明确表明英国政府面对挑战的坚定立场。2010年，英国政府适时地推出一系列科技产业政策，发挥了积极作用。

3.1.2.2 英国科技产业政策特点

（1）分散而灵活的管理体制。英国是单一制君主立宪国家，其政治体制决定了其科技政策体制是多元分散与高度集中的结合。科学技术办公室、科学技术委员会、技术战略委员会、科技评价办公室、贸工部和就业部、私人营利性中介机构以及英国各大高校等，构成了英国分散而灵活的科技体系，各组织各司其职，发挥各自的作用，推动英国科技长足发展。

（2）对科学家参与科研高度重视。英国政府对于科学家参与科研十分重视，英国的科学家在科技政策上有很大的发言权，一般遇到科技方面的重大决策时，都是由一些优秀的科学家组成讨论小组做出决策，再由政府参考，而不是政府政策直接支配。英国研究项目无论大小，都由科学家完全负责，科学家在一个自由的环境下进行科研工作，更加激发了科学家们的创新热情和积极性，同时工作效率也得到了提升。

（3）对科技人才择优选拔、精心培养。在英国，大学毕业生中成绩优秀的学生才可以有继续学习的机会，经过训练，其中的佼佼者有了一定的科研成果之后才可以被授予博士学位，在经过工作实践，表现优秀并有一定成绩的，才可以在研究院或者高校当中担任一定职务。为了保证科研团队的整体实力，英国政府择优选拔人才，而不是凭借资历深浅，确保了研究人员的高质量、高水平。

3.1.3 德国的科技产业政策

3.1.3.1 德国科技产业政策发展历程

（1）在欧洲资本主义国家中，德国的科技产业兴起时间最晚。从16世纪开始发展进程十分缓慢，直到19世纪初，德国的科技产业开始觉醒。

（2）19世纪中叶到20世纪初，德国的科技空前发展。第一，德国古典哲学成为科技发展的指导思想，对德国的政治家、科学家进行了有效的启蒙，德国将哲学与科学技术两者巧妙地结合起来。第二，教育的发展是科技发展的前提和基础。这期间，德国比以往都要重视科技人才的培养，培育出了一大批高素质的科技人才队伍。第三，德国向其他国家学习，学以致用，引进了先进的科学技术和设备，避免了走弯路。因此从19世纪中叶起，德国的科技发展十分迅速，用了短短20年的时间完成了工业革命。

（3）两次世界大战期间，德国的科学技术为战争服务，科技政策发生了根本上的变化。很多大学和研究所从单纯的学术研究机构转变成为满足战时需要、为战争服务的应用研究机构，例如，"一战"期间，物理化学研究所制造出的毒气弹等化学武器。"一战"之后，德国的经济、文化、政治都开始下滑，科技发展停滞。随后，希特勒上台，德国的科技政策完全为其独裁专制服务。

（4）"二战"结束至20世纪末，为重建并振兴本国经济，德国重新调整科技政策，有序发展科学技术。这期间，德国建立了20多所大学，培养了大批科技人才，并且研究出了大量科学技术成果。政府通过投入大量的科学研究经费，刺激本国科研的进步。1997年，德国的顶尖技术发展迅速，位居世界第三。

（5）进入21世纪以来，为迎接经济全球化带来的机遇与挑战，德国政府调整科技政策，将"创新"作为科技发展的重要理念。保持重工业发达的同时，经济重心向第三产业过渡，将科研注意力转移到高新技术产业的创新上，2006年，德国政府发布《德国高科技战略》报告，指出了安全研究、信息通讯、医学健康、航空航天等创新科研领域为新的研究方向。

3.1.3.2 德国科技产业政策特点

（1）显著的动态性和适时性。一般情况下，在不同时期、不同国情下，每个国家制定实施的科技政策各不相同，由于德国历史上多次分裂统一，政府频繁地更迭变换，其科技政策的时代性更加明显。例如，"二战"结束，德国战败，联邦德国为重振国家经济，兰格盖尔将科技政策分为三个阶段，分别为传统阶段、经济合理化为目标阶段和社会价值合理化为目标阶段。经过阶段性的政策调整，联邦德国科研能力有了很大的提升，国家经济发展迅速，为日后统一打下了基础。

（2）科技研究的创新性。和其他发达国家一样，德国政府明确认识到创新的重要性，如果要在世界激烈的竞争中名列前茅就必须要创新。一方面，德国是科学家的摇篮，政府重视教育和培养科技人才，德国历史上涌现出一批又一批优秀的科学家。另一方面，政府在科技研究上加大投入，明确创新领域，扶持具有发展前景的新兴产业，并且资助"精英大学"，确保德国在科技研究开发领域上的领先地位。

（3）科研体制的系统性。德国科技政策最大的特点就是集中与分散相结合，德国的科技研究系统由很多大型科研组织及其下设的结构严密的部门组成。第一，德国特色的大学系统，各种类型的大学满足了科技研究对不同人才的需求，并且在大学附近建立科技园，承接大学科技成果。第二，德国弗朗霍夫研究协会下设66个研究所，成为德国大型的科技研究领域的中流砥柱。第三，在科技基础理论研究上，德国拥有科学研究院与马克斯·普朗克研究所。基础科学与应用研究紧密联系，从而有力推动德国的发展。

3.1.4 法国的科技产业政策

3.1.4.1 法国科技产业政策发展历程

（1）19世纪上半叶，资产阶级革命解放了法国的思想桎梏，为科技的发展提供了自由的思想环境，市场机制的建立为科技发展奠定了重要基础。

（2）20世纪中叶，在各界人士和科学家的呼声下，法国成立了科技研究委员会，这是法国第一个科技管理部门。戴高乐当选法国总统后，建立了科技研究部际委员会、常务委员会、公共秘书处三个科技管理部门。

（3）20世纪80年代，法国政府调整本国科技政策，例如，拟定并完善有关科技法，为科技政策的执行提供法律依据；加大科技研究投入；成立科技研究与技术部，主管全国的科技工作。

（4）20世纪末至21世纪初，法国政府在科技创新方面制定实施了多项政策。第一，成立了国家科研与技术高级理事会。第二，颁布《创新与科研法》。第三，建立起覆盖全国的科研创新网络。第四，加大对新兴产业的经费资助和政策支撑，推进科技创新体系建设。

3.1.4.2 法国科技产业政策特点

（1）重视科技文化普及。法国政府对科普十分重视，一方面，将科学大众化，在每年的十月向公众免费开放实验室、研究室、科技博物馆。另一方面，法国政府定期与高校合作，共同举办科普展览，为公众了解科学技术、学习科技知识提供了一个便利的途径。

（2）拥有健全的科技立法。在20世纪末，法国政府颁布了《技术创新与科研法》，为科技的发展提供了法律支撑。

（3）重视科技人才。和美国、英国等其他发达国家一样，法国也十分重视科技人才。为了稳定科技人才队伍、减少科技人才流失，首先，法国政府加大对科研的投入，保证科技人员拥有足够的资金进行科研工作以及科研设备的维护更新。其次，为科技人员提高奖金和津贴待遇。最后，为科技人员提供合适的工作岗位，使法国优秀的科技人员在高校、科研机构的工作岗位上发光发热，为法国科技的发展助力。

（4）主动开展国际科技合作。法国政府积极参加国际科技研究项目，如国际空间站计划、欧洲尤里卡计划等，提高了本国科技攻关水平。

3.1.5 日本的科技产业政策

3.1.5.1 日本科技产业政策发展历程

（1）明治维新时期，日本科技政策开始萌芽。"文化开化"作为当时日本的国策之一，具体内容为：改革教育制度，造就科技人才，学习欧美国家先进的科技。在明治时期，日本全面学习并移植发达国家先进的科学技术，结合本国实际情况，将西方科技与本民族优秀文化有机结合，建立起本国的科技制度。

（2）"二战"后，日本科技政策恢复与重建。日本在短时间内完成从战后百废待兴发展成为20世纪后期世界第二大经济体的飞跃，这与不断调整的科技产业政策息息相关。首先，日本战后制订了经济复兴计划，在"技术计划"中，说明了科技产业对于振兴国家经济的重要性。其次，日本制定并开展"科技立国"发展战略，推动产业结构调整与优化。

（3）20世纪90年代，日本颁布了《科学技术基本法》——第一部与科学技术有关的根本大法，并且以法律的形式明确了科技立国的思想；规定了日本"科学技术创造立国"的科技发展理念。随后日本政府提出坚持"变革与创新"，努力成为"高新科技大国"的奋斗目标。

3.1.5.2 日本科技产业政策特点

（1）政府发挥着引导、协调的作用。日本政府是科技政策的主体，掌握着科技政策的最终决策权，政府适时的制定出一系列科技政策，使日本科技大国的地位得到稳固。

（2）企业是日本科技发展的根基和支柱。在日本经济与科技的发展过程中，企业的科研投入能力和科技创新能力有力地推动了其自身乃至国家的发展壮大。企业的创新是科技进步的源泉，是日本经济发展的主要助力。

（3）重视科研投入与科研人才培养。日本战后的显著发展，一方面，离不开其在科研方面的投入与付出，战后日本的科研投入水平一直处于世界前列，例如，2006年日本在科研方面的资金投入占GDP的3.62%，居于世界第一位。另一方面，日本重视科技人才的培养，不断完善教育体制，为日本的科研事业提供了大量高质量的人才资源。

3.1.6 韩国的科技产业政策

3.1.6.1 韩国科技产业政策发展历程

（1）20世纪60年代，为了科学技术的追赶和学习，一方面，韩国政府将培养人才作为教育发展的主要任务，并提出"人才培养5年计划"。另一方面，韩国政府制定了"科技振兴计划"，建立科学技术行政机构，例如，1962年建立了技术管理局，1967年建立了科学技术处等。与此同时韩国政府在法律方面给予科技足够的支撑，颁布相关科技法。

（2）20世纪70年代，随着产业结构的升级，科技创新才可以满足生产需要，韩国科技进入自主研发阶段。政府加大科技研究投入的力度，建立和资助国有研究机构，为企业提供积极的资金扶持，同时，政府干预企业的并购重组，促进大企业的创新发展，例如，三星公司连续并购其他小企业。

（3）20世纪80年代，企业成为这个时期科研活动的主体，积极建立科技研究所，进行独创技术和产品研发活动。政府加大科研资金支持，企业的科研创新活动得到了积极支持。

（4）20世纪90年代以后，世界各国面临着一个共同的环境——高新技术产业的兴起，韩国成立了大量高新技术企业，同时，韩国政府制定了一系列优惠政策来鼓励高新技术企业进行研发，其中包括：鼓励企业收购外国公司；建立跨国科研基地；减少税收优惠政策等。韩国政府效仿美国，建立了小企业管理局，参照美国纳斯达克市场，建立了 KOSDOR 市场，旨在为有生命活力的新兴企业和中小企业提供便利服务。在人才培养方面，除了本国科技人才的教育以外，韩国政府对国外人才的引进和吸收也更加重视。

（5）进入 21 世纪以来，韩国政府提出向知识经济转型，提出"韩国 2025 年构想"，强调科技政策在国家发展中的重要性。随着新知识时代的发展，全球环境的变化，韩国政府制定了"绿色新政"计划，将绿色科技的研发作为韩国科技研发的主线，并以法律的形式确定了绿色科技发展计划的法律地位。

3.1.6.2 韩国科技产业政策特点

（1）政府规划为主导。一是构建完善的宏观科技体系。韩国和日本一样，其科技体系是典型的集中型体系，政府在科技政策的制定中有着十分重要的地位。二是制定和完善相关科学技术的法律。随着韩国科技政策的变化，政府先后出台了一系列有关法律法规，这些与政策相配套的法律对于科技的发展起到积极的作用。三是加强科技创新的投入。韩国 R&D 经费逐年增长，激发起企业的科技创新热情和研究成果质量。四是重视知识产权管理。韩国将专利政策作为重要国策，重视对科技知识产权的管理，2006 年韩国的专利数量已经位居世界第三。

（2）企业创新为主体，产、学、研相结合。企业是进行科研投入的主体、科技创新的实践者。企业与高校和科研机构相结合，推动三方共同发展进步。

（3）人力资源开发为基础。韩国重视人才培养，并采用一系列行之有效的举措来优化科技人才结构，提高科研人员的质量。主要通过自主培养、出国进修、人才引进的方式。

3.2 我国科技产业政策的形成与发展

中国科技政策的发展不是一蹴而就的，进步与发展是显著的，总结我国科技政策的演进历程可划分为以下几个阶段。

3.2.1 科技体制化兴起阶段（1949—1966 年）

中华人民共和国成立之初就确立了主要的科技政策，即"为国家建设服务，为人民服务"。1949 年 9 月，第一届全国政治协商会议提出建立国家科学院，11 月 1 日中国科学院正式成立。在新中国成立的背景下，我国的科技事业有了一个光明的图景，因此这一时期是我国科技政策谋局开篇、绘制蓝图的阶段。这一阶段，我国发出了"向科学进军"的响亮口号；拟订了《1956–1967年全国科学技术发展远景规划》，即"十二年科技规划"，确立了要在国防、农业等多个领域走上独立发展道路的科技目标，争取在多个领域接近或赶上世界先进水平；中国政府还发布了《1963–1972年科技发展规划》，即"十年科技规划"，对科技提出更加具有指向性的目标，各机构和社会组织纷纷加入科学研究的队伍中，构成新中国科技研究体系。

1956年是中国科技发展重要的一年，1956年1月4日，党中央召开全国知识分子会议，在会议报告中提到科技的重要性；1956年4月，在中共中央政治局扩大会议上，毛泽东提出"百花齐放，百家争鸣"的方针，双百方针有效地调动了科学工作者的热情与积极性；1956年12月，提出了"重点发展，迎头赶上"的科技发展方针。随后的两年，我国科技发展遇到困难，政府及时调整，起草了《科研工作十四条》，进行了多项政策措施的调整，规范了科技管理，使我国科技体制逐步走向完善。这一时期是我国全面建设社会主义的时期，也是科技初步发展的时期，我国科技政策在挑战中发展，为今后我国的科技事业打下牢固的地基。

3.2.2　科技发展挫折阶段（1966—1976年）

这一阶段我国科技政策在发展的道路上遇到挫折，停滞不前。1972年8月，我国举办了全国科学技术工作会议，对我国科技的发展具有重要意义。会议研究了科研队伍的调整与建设、制定了科技长远的规划。1975年在多个会议上，强调了要注重科技人才的培养、要搞好教育工作、要重视科技。

3.2.3　科技政策改革与发展阶段（1976—2012年）

这一阶段，我国科技事业的春天到来，焕然一新。1978年，全国科技大会通过了《1978–1985年全国科学技术发展规划纲要（草案）》，阐明了未来八年我国科学技术发展的奋斗目标、重点科研项目、人才队伍的建设等事宜，会议还明确了"科学技术就是生产力"的重要论断。

20世纪80年代，党的工作重心重新调整，转移到了经济建设上，对科技提出了新的要求，科技改革势在必行。1982年，党的十二大将科学技术列为国家经济发展重点战略。1985年，国家科学技术会议召开，会议对科技体制的改革进行了详尽的探讨。同年3月，公布了《中共中央关于科学技术体制改革的决定》，阐明了科技进步与经济发展紧密的联系，提出要遵循中国发展规律、从本国国情出发，在运行机制、组织结构、人事制度三方面进行全面改革。紧接着有关科技政策相继实施，推动科技管理工作顺利进行，我国科技得到了稳定的发展。

20世纪90年代，我国科技政策又有了新的发展。一是《中华人民共和国科技进步法》肯定了科技在国家发展中的重要位置，是中国第一部比较全面的科技法典。二是《中共中央国务院关于加速科学技术进步的决定》明确了"科学技术是第一生产力"的思想。三是"科教兴国"的提出，这一战略是根据我国的实际情况所作出的重大决策，提高全国人民的科学文化素养，培育高质量的科学工作者，加速我国的发展。四是注重高新技术产业成果化，一系列有关文件的下发使得我国高新技术产业呈现出一个很好的发展态势。

进入21世纪以后，国家经济、文化、政治、综合国力等各方面对科技政策提出更高的要求，科技政策不断地适时调整，强调创新战略。2002年，党的十六大报告中提出"推进国家创新体系建设"，科技创新成为促进我国社会发展的主要助力。2006年1月，发布了《国家中长期科学和技术发展规划纲要（2006-2020）》，纲要提出要贯彻落实科学发展观，提高科技创新水平，全力打造创新型国家。我国科研投入一直存在研究开发比重较小、企业投入比重不大这两个问题，在这一阶段我国不断加大科研投入。科研投入是科技得以进步的保证，我国政府调整国家投资结构，鼓励全社会加强科研经费的投入，并采取相应的实际措施，得到了显著的成效，给予科研事业很大的帮助。

一直以来，我国都很重视高校和科研机构对科技人才的培养工作，先后颁布《实施〈国家中长期科学和技术发展规划纲（2006-2020年）〉》、《国家中长期人才发展规划纲要（2010-2020年）》，制定和规划未来我国科技创新型人才的培养目标，为落实这个目标，2010年6月，教育部"卓越工程师教育培养计划"在我国部分高校开始启动实施，这一计划的主要内容是：面向世界、面向未来、面向工业，培养打造一大批具有强创新能力、能够适应经济社会发展诉求的各种工程相关技术人才；全面改革创新我国工程教育人才的培养模式，提升我国高校工程教育人才培养的质量，努力建设起符合中国新时期特色社会主义、世界一流的高等工程教育体系，从而促进我国尽快成为全球工程教育强国。自该计划实施以来，为我国科技产业的发展培养了数以万计的科技人才。

3.2.4 科技产业蓬勃发展阶段（2012年至今）

2012年十八大报告中明确指出，"科技创新必须摆在国家发展全局的核心位置。从当前社会发展的大趋势来看,科学技术越来越成为社会发展的主要力量、创新驱动是大势所趋";2018年,党的十九大报告中也再次提出了"要加强国家创新体系建设,强化战略科技力量。创新是建设现代化经济体系的战略支撑"。这些都表明了自党的十八大以来,以习近平总书记为核心的国家领导人远瞩高瞻,将科技创新放在了国家发展战略的首要位置,让科技发展成果惠及中华儿女,共享科技成果。十九大报告中也提出,到2035年,我国要基本实现社会主义现代化建设,国家经济实力、科技实力将大幅度提升,创新能力名列世界前列;到2050年,我国要建设成为富强、民主、文明、和谐、美丽的社会主义现代化强国。要想实现这个目标,那么在接下来的三十年里,就必须紧紧把握世界科技产业发展的大趋势、大方向;全力培育新技术、新产业、新业态。加快科技产业园区及科技产业集群建设、培养高科技人才,加大投资力度及实施科技产业项目带动战略等,充分发挥科技产业对经济社会发展的带动促进作用。

各地方也纷纷制定促进科技产业发展的政策措施,如在我国科技产业占据重要地位的广东省。2015年,广东省获批国家首批创新型省份试点建设工程之后,广东省委省政府紧紧围绕"如何把科技成果转化为生产力,以产业发展带动科技创新、以科技创新促进产业发展,不断发展孕育新产业、新企业、新产品,营造一批引领创新发展的领军型企业,打造科技产业发展高地"出台了一系列政策、法律法规来推进广东省科技产业发展。如广东省政府颁发了《珠三角国家自主创新示范区建设实施方案(2016—2020年)》,方案中提出广东省委省政府为了打造国际一流的科技产业,建设了以深圳、广州为核心,珠三角等其他7个地市为环绕支撑的珠三角国家自创科技产业区。通过颁发《广东省促进科技成果转化条例》,修订《广东省自主创新促进条例》大力培育和推进科技创新法制化发展进程;优化政府财政资金投入模式,采取企业研发费补助、科技产业培育补助、企业创新券等方式,加大对企业科技创新的普惠性投入;探索科技产业金融合作新方式,并积极引导银行对科技产业投入科技信贷资金,为广东省科技产业的良性发展营造了环境支持。

为了加快科技产业的发展速度,广东省实施了一系列人才培养和引进相关政策:一是实施了"珠江人才计划""扬帆计划""特支计划"等人才引进计划,为广东省科技产业的发展引进了一定数量的高科技人才和科研团队。二是实施企业科技特派员行动,将高校、科研所的科技研究人员下派到各类科技企业,指导和帮助企业技术创新、产品升级等。三是注重优秀青年人才的培育工作。广东省针对35岁以下的青年学者，实施自然科学基金杰出青年培育计划，培育和遴选了大量的基础研究领军人才和学术带头人，大大加快了广东省科技产业的发展速度。

党的十八大以来，我国创新活动越发活跃，新兴学科日益增多，学科融合加速，科技产业变革正在酝酿兴起。按照全球科技产业革命的历史演变规律来看，在接下来的时间里，我国将处于科技产业变革的迅速发生期，科学技术加速发展、创新，IT技术、智能制造、生物技术、可再生能源、新兴材料等领域将会培育出一大批有着重大产业变革前景的颠覆性技术，并迅速成为社会经济发展的主导力量。

3.2.5 "十四五"时期面临的新形势与新挑战

我国正经历百年未有之大变局，国际环境错综复杂，不稳定性明显增加，机遇和挑战都有新的发展变化。新冠肺炎疫情将使大国政治格局加快向更加均衡的多极化方向演进，外部冲击会使国际、国内经济增长不确定性增加。"十四五"时期，我国转向高质量发展阶段，以国内大循环为主体、国内国际双循环相互促进的新发展格局加快构建，新一轮科技革命和产业变革深入发展，科技产业继续发展具有多方面优势和条件，科技产业发展正立足中华民族伟大复兴战略全局和世界百年未有之大变局，强化经济发展中的科技支撑作用，为经济发展插上"科技的翅膀"，实现更高质量、更有效率、更可持续、更加绿色的发展。

3.3 发达国家科技产业政策对我国的启示

3.3.1 转变政府职能，遵循发展规律

英国、德国、法国等发达国家对于政府的定位十分准确，非常注重政府的"服务"职能，我国应该学习这些国家的宝贵经验，顺应时代发展规律，在市场经济体制下，将我国科研体制中"国家主导"逐步变为"国家指导"，适时转变政府职能，给予企业、科研机构更多的自由和更大的空间，为科技发展提供必需的科研氛围、资金投入以及人才支持，在不违背科技发展规律和社会经济规律前提下，给予科技政策以必要的指导、统筹。

3.3.2 增加科研投入，调整投资结构

发达国家的科技之所以位居世界前列，科研投入发挥的作用尤为重要。近年

来，各国在科技产业方面的投入都保持逐年上升的趋势，我国的科研投入虽然也在逐年增加，但与其他发达国家相比，我国 R&D 指数较低。我国应吸取教训，借鉴经验，增加科研与生产投入，重视基础研究；统筹各方资源，给予科技产业以足够的物质支持；增加政府科研资金投入，鼓励中小企业、新生企业进行科研工作，提高科研成果质量。

3.3.3 完善科技立法，提供法律保障

健全的科技法律体系是科技产业创新发展的充分保障。从发达国家的科技立法可以学习到：第一，科技立法要坚持国家战略导向。随着社会经济、科研环境的变化，国家科技政策做出相应变化的同时，科技法律也应有所调整，以适应变化的需求。第二，科技立法要注重产学研的紧密联系。将理论付诸于实践，将科技理论成果化，在这个过程中科技立法起到了十分重要的保障作用，例如，专利法、转移法、商标法等科技法律。第三，营造科技创新环境。法律法规增强了科技产业的稳定性、权威性，为科技事业工作者、科技组织机构提供了保障和安全的科技法律环境，推动科技产业发展进步。

3.3.4 发展教育事业，培养科技人才

在 21 世纪，人才是一个国家最为珍贵的资源，科技人才是科技发展速度和发展质量的关键要素，起到了决定性作用。硅谷是全球科技产业发展的起源地，美国科技产业的发展离不开科技人才的支撑，当硅谷在全球闻名后，它吸引聚集了大量的科技人才，硅谷聚集的这些科技人才使美国科技产业得以迅速发展，从而激发了美国经济的迅速发展。除美国之外，像德国、日本、英国等发达国家的发展在很大程度上也是依靠引进世界各地的科技人才，利用其科技才能，促进其国家科技产业的发展，从而拉动本国经济的快速发展。同样，我国也借鉴国外发达国家的经验，大力实施"人才的培养和引进"方针政策。

虽然我国科技人才数量较大，但科技人才占劳动人口比例较低，并且存在人才外流的问题。我国应学习发达国家的有关政策，加强对科技人才的重视，提高科技人才的物质待遇、工作安置等，使其没有其他生活上的烦恼，全心投入科研事业中；培养科技人才，加大对高校的扶持，鼓励发明创造、进修学习，提高教学质量，改善教学环境，为学生进行科技研究提供一个文化氛围浓厚、师资力量雄厚、科研设备齐全的科研条件，实现其"增值"，为进入社会进行科研事业堆

砌起牢固的地基。留住科技人才，减少外流。为科技人才提供良好的工作环境，提供更好的待遇，对其科研成果给予充分肯定和奖励，建立起高质量、高素质的科研队伍，使其成为促进我国科技产业稳定进步发展的主力军。

3.3.5　进行文化普及，提高国民素质

与英国、德国等发达国家相对比，我国科普情况不是很好，科普的相关工作开展得有些落后，必须对此重视起来。一是加大宣传力度，利用网络媒体、社会组织，举办科技展览、科学知识竞赛等形式多样、内容丰富的活动，加强公众对科技的认可与尊重，提高全国人民的科学文化知识程度，形成一个融洽的社会文化氛围，推动科技产业事业的发展。

3.3.6　加强国际交流，提高创新水平

进行国际合作与交流是科技产业永葆活力和长足进步的重要举措，合作与"双赢"成为各国竞争的主旋律，在全球化趋势下，我国应积极应对挑战与机遇，积极参与国际科技交流和技术合作项目，通过学习、引进与创新，提高我国科技自主研发与创新能力，追赶世界一流的科技，努力缩小与发达国家之间的科技差距，更快发展我国的科技产业。

在经济、文化全球化背景下，各国都努力地在世界舞台上展现自己的实力，科技产业作为综合国力和创新能力的代表，其重要性不言而喻，各国为满足时代变换发展多方的需要，不断适时调整科技产业政策，来推动国家持久稳定向前发展。

第4章 黑龙江省科技产业发展战略环境分析

4.1 黑龙江省科技产业发展的SWOT分析

SWOT分析是管理学中常见的一种用于企业战略环境评价的分析方法,该方法具有明显的综合性以及实用价值,因其全面性、系统性、科学性的特点而受到学者和管理者的欢迎。具体而言,SWOT分析就是通过实际调查研究,分别列出内部的优势(Strengths)与劣势(Weakness)以及外部的机会(Opportunity)与威胁(Threats),其中在对优势和劣势的分析中,需要对比分析其他省份的情况而明确自身的优势和劣势,机会和威胁的分析则主要注重分析来自于企业外部的环境因素对自身以后长足发展的影响。通过对优势、劣势以及机会、威胁的综合评价,构建SWOT综合分析矩阵,对比矩阵列出的情况制定未来发展战略,尽可能做到扬长避短,综合利用自身优势,抓住机会,避免劣势与外部威胁的影响。

在优势方面,SWOT分析需要将对比其他省份具体列出黑龙江省自身优势因素,具体可以包括黑龙江省的资源情况,如石油、煤炭、耕地情况等;黑龙江省的工业基础;以交通情况为代表的基础设施建设;能源供应情况等。在劣势方面,需要具体列出与其他省份相比影响黑龙江省未来发展的阻碍因素,如经济发展水平较其他省份而言比较缓慢;政府对科技产业的政策扶持力度不足;政策贯彻不够;产业结构升级缓慢等;产业协同互动不足。在机会方面,需要具体罗列出黑龙江省未来发展的外部机会要素,具体可以包括科技产业作为新兴产业受到政府的重视;社会各界积极支持科技产业的发展;科技产业具有广阔的发展潜力。在威胁方面,具体可以包括省内各地区的科技产业发展不平衡;人才流失严重;产学研结合不足;科技产业空间制约问题突出等。

SWOT分析矩阵有四种构造方式:内部的优势—外部的机会组合(SO,增长型战略)、内部的劣势—外部的机会组合(WO,扭转型战略)、内部的优势—外部的威胁组合(ST,多种经营型战略)、内部的劣势—外部的威胁组合(WT,防御型战略)。

对于增长型战略而言,需要在发挥自身优势的基础上准确抓住外部机遇,将自身优势与外部机遇结合考虑,实现自身的长足发展,使自身效益最大化。对于扭转型战略而言则需要充分利用外部的机遇来填补自身的不足,使在内部存在一定劣势的情况下,在外部机会的作用下依然实现一定程度的发展。对于多种经营型战略而言,这种战略要求在面对外部威胁的情况下,充分发挥自身优势以减少外部威胁对自身的影响。对于防御型战略而言,这种战略主要应用于外部环境存在威胁且自身存在一定不足的情况下,需充分利用有限资源,尽可能保证正常运营。

4.1.1 黑龙江省科技产业优势分析

4.1.1.1 综合优势显著

第一,黑龙江省资源优势明显,利于科技产业发展。石油储量位居全国第一,大庆油田累计产出石油20亿吨,贡献突出;黑龙江省煤炭资源丰富,大小兴安岭处于主要的矿带上。各种矿藏资源丰富,开发潜力巨大。黑龙江省耕地面积多达2亿亩,粮食产量位居全国第一,为我国粮食安全做出了巨大贡献,有着"中国大粮仓"的美誉,富饶的黑土地使得黑龙江省是发展绿色农业的宝地。第二,黑龙江省工业基础坚实。黑龙江省现已形成相对完整的工业体系,为科技发展夯实基础。第三,黑龙江省科技能源供应充裕,用地比较宽松。第四,黑龙江省交通运输便利,地理位置独具优势。地处东北亚腹地,陆地、航空以及黑龙江、乌苏里江等江上航线,使得黑龙江省独具优势,为科技产业发展提供了便利的条件。

根据《中国统计年鉴》显示,2010年黑龙江省财政收入755.58亿元,2014年1301.31亿元,2016年再增加到1148.41亿元,到2020年黑龙江省的财政收入增加到1262.76亿元。2010年黑龙江省第三产业增加值4040.55亿元,2014年增加值6883.61亿元,再增加到2016年的8314.94亿元,到2020年第三产业增加值为6776.7亿元。黑龙江省高新技术产业成为黑龙江省经济发展的重要动力,有效促进黑龙江省综合实力的进一步提高。

4.1.1.2 科技产业体系成熟

21世纪以来,黑龙江省经济发展主要有四大工业,分别是:石化工业、能源工业、装备工业以及食品工业。与此同时，软件开发、医药、电子和服务产业等新兴高科技领域逐渐进入市场，成为黑龙江省重点发展领域，经过不断发展，科技产业体系日渐成熟，具有代表性的有：休闲娱乐、文化创意、科技研发等领域，其他新兴科技产业也不断涌现，为黑龙江省的经济发展带来了机遇和挑战。根据《中国高技术产业统计年鉴（2021）》显示，2020年，黑龙江省高新技术产业营业收入284亿元，经营利润总额达31亿元，企业平均用工人数为43023人，发展势头良好。其中，医药制造业营业收入182亿元，利润总额29亿元；医疗仪器设备及仪器仪表制造业营业收入37亿元；电子及通信设备制造业营业收入41亿元；计算机及办公设备制造业营业收入6亿元。

黑龙江省鼓励科技人员创新创业，加快科技企业孵化培育。黑龙江省科技领域认真贯彻政府相关会议、文件要领，向其他发达省份、地区学习经验，搭建科技企业孵化平台，例如，创业谷、哈尔滨创新金融产业园等。推动科技金融融合发展，黑龙江省科技厅与省金融办合作，举办高新技术产业创业投资大会，建立基金，引导带动社会资本，从而推动科技产业发展。

4.1.1.3 科技实力雄厚

黑龙江省拥有哈尔滨工业大学等80所高等院校（表4-1），省属科研院所20余所（表4-2），还有多家工程中心、技术研究中心，这些都是培养科技人才的摇篮，在新材料、载人航天等科研领域位居全国乃至世界前列。黑龙江省整体科研能力稳步提升，科研成果的数量和质量稳步增长，科研能力突出。本籍两院院士达到41位，国家级创新平台达到68个、省级创新平台达到1161个，高新技术企业总数达到1932家。

表4-1　黑龙江省驻区高校

序号	名称	序号	名称
1	哈尔滨工业大学	8	哈尔滨医科大学
2	东北林业大学	9	黑龙江中医药大学
3	哈尔滨工程大学	10	齐齐哈尔大学
4	黑龙江大学	11	佳木斯大学
5	哈尔滨师范大学	12	东北石油大学
6	哈尔滨理工大学	13	黑龙江八一农垦大学
7	哈尔滨商业大学	14	黑龙江工程学院

表4-2 黑龙江省驻区科研院所

序号	名称	序号	名称
1	黑龙江省科学院自动化研究所	9	中国地震局工程力学研究所
2	黑龙江省冶金研究所	10	黑龙江省地质科学研究所
3	黑龙江省科学院微生物研究所	11	黑龙江省交通科学研究所
4	黑龙江省科学院技术物理研究所	12	黑龙江省野生动物研究所
5	黑龙江省农垦科学院水稻研究所	13	黑龙江省木材科学研究所
6	黑龙江省祖国医药研究所	14	黑龙江省林业科学研究所
7	黑龙江考古研究所	15	黑龙江省宏观经济研究所
8	黑龙江省电子技术研究所	16	黑龙江省科学院自然与生态研究所

4.1.1.4 科研创新水平不断提高

根据《中国科技统计年鉴》显示，2013年黑龙江省有效专利数55316件，2014年黑龙江省有效专利数达56451件，有效专利数量逐年增多，到2020年，黑龙江省有效专利个数达到74739件。同时，"十三五"期间，专利授权量由2015年的18942项增加到2020年的28475项，增长50.3%，2021年为38884项；黑龙江省技术市场成交合同数由2015年的1854项增长到2020年的5127项，技术市场成交额从127.23亿元增长到267.8亿元，增长110.5%；2021年成交技术合同6960项，技术市场成交额为352.86亿元（表4-3），科学研究的进一步发展就是将科研成果转化为生产力，从而增强黑龙江省的实力。

表4-3 2015—2021年黑龙江省专利授权及技术市场成交情况

指标	单位	2015	2016	2017	2018	2019	2020	2021
专利授权量	件	18942	18046	18221	19435	19989	28475	38884
发明专利授权量	件	4023	4345	4947	4309	4144	4598	6337
科技成果登记数	项	1612	1470	1489	1582	1624	1160	1864
高技术产业有效发明专利数	件	922	1117	—	922	1482	1629	—
技术市场交易合同数	项	1854	1747	2836	3045	3799	5127	6960
技术市场合同成交额	亿元	127.23	131.95	150.75	170.07	235.84	267.8	352.86

数据来源：《黑龙江省科技统计手册》和《中国高技术产业统计年鉴（2021）》

4.1.1.5 信息化程度不断完善

黑龙江省网络信息设备逐渐完善，为内部的政府机关和外部服务都提供了便捷的桥梁，形成了统一的网络平台，在网络平台上，人们可以立即了解有用的信息，信息也可以立即发布，网络平台对工作的作用变得越来越重要。在信息资源不断升级的过程中，经过建设经济、社会等数据库，建立了黑龙江省科技创新共享服务平台。

4.1.2 黑龙江省科技产业劣势分析

4.1.2.1 发展程度与先进地区差距明显

从地理位置上看，黑龙江省位于中国最北部，距离北京、上海、广东等先进地区较远。纵向来看，黑龙江省的经济发展与北京、上海差距显著，横向来看，黑龙江省与辽宁省、吉林省同位于东北地区，却仍存在一定差距。根据《中国统计年鉴》显示：生产总值中，2021年黑龙江省、辽宁省、吉林省、北京市、上海市、广东省分别为14879.2亿元、27584.1亿元、13235.5亿元、40269.55亿元、43214.85亿元、124369.7亿元。2021年黑龙江省GDP相当于广东省的11.96%，上海市的34.43%，北京市的36.95%，辽宁省的53.94%。在公共预算收入中，2021年黑龙江省、辽宁省、吉林省、北京市、上海市、广东省分别为1300.51亿元、2765.59亿元、1143.98亿元、5932.31亿元、7771.8亿元、14105.04亿元。2021年黑龙江省公共预算收入相当于广东省的9.22%，上海市的16.73%，北京市的21.92%，辽宁省的47.02%。从以上数据中可以看出，黑龙江省的经济发展有待于进一步提高。

4.1.2.2 政府扶持政策不够细致与系统

由于不同类型的科技产业在萌芽、成长过程中面临的困难各不相同，然而政府没有具体问题具体分析给予不同的政策支持，没有区别化对待，缺少针对性。同时，财政扶持力度不够强。黑龙江省对于科技产业缺少直接性的财政扶持，大多是以税费减免等方式，并且缺乏力度，不能保证所有相关科技产业机构、企业都能得到政府财政支持。

从统计年鉴可以看出，黑龙江省对于高新技术产业的扶持力度相对较低，政府引导较弱。一方面，科研成果的研究需要资金的支持力度小，科研成果的研究也很少能够转化为社会生产力，很多资源尚未得到充分利用，致使黑龙江省高新技术产业发展缓慢。另一方面，黑龙江省对于高新技术产业的投入也存在不合理

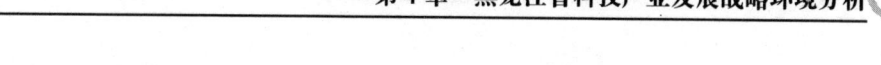

的情况，一般用于政策奖励、员工办公等方面，较为零散化。

4.1.2.3 政策的贯彻落实不够全面

黑龙江省虽然出台了很多推动科技产业发展、鼓励科技创新的政策，但取得的效果不尽如人意，其原因是政策实施低效，例如，很多科研团体、企业不能及时关注公布政策的信息平台，孵化器的人员对政策的宣传不到位，这是由于各部门之间缺乏联动机制，政策的贯彻实施监督不到位、不全面造成的。与其他省份相比较，一方面，黑龙江省的思想观念进入晚于多数省市；另一方面，黑龙江省的经济发展落后于其他省市。黑龙江省的经济要想得到进一步发展，则思想观念就需要有一定的革新，经济发展的状况在一定程度上影响思想观念的转变。

4.1.2.4 产业结构优化升级缓慢

黑龙江省作为东北老工业基地，一直十分重视强化重工业，近年来高新技术产业虽逐步发展起来，但是相比之下占整个产业结构比重仍很落后。此外黑龙江省产业层次不高，随着新经济时代的到来，传统服务行业的地位有所下降，但仍具有明显的发展优势，餐饮、批发零售、运输等传统服务业所占比重很大，在发达省份和地区十分普及的电子信息、计算机服务、软件等高新技术产业比重偏小、增长缓慢，产业结构亟待优化。

4.1.2.5 产业协同互动不足

黑龙江省科技产业不断发展，正向其他行业、领域跨界融合渗透，但是由于不同规模的组织间有较大差异，科技融合能力不高，再加上黑龙江省区域科技协同互动差距较大，特别是哈尔滨、大庆、牡丹江等大中城市，科技产业跨界协作效果显著，而在小城镇、农村地区科技产业协同互动程度很低。

黑龙江省的科技产业的主体主要体现在邮电通讯、服务业、娱乐业等方面，服务业更具体表现在传统的服务业上，产业链的不健全，导致对产业的辐射作用较小。现如今，黑龙江省的企业多数以分公司、子公司为主，总部集团相对较少，难以带动黑龙江省经济的进一步发展。

4.1.3 黑龙江省科技产业机遇分析

4.1.3.1 发展科技顺应潮流，遵循规律

随着新知识经济时代的到来，科技产业不只是新兴产业，更是国家或地区间进行竞争的一把利器，黑龙江省意识到科技产业的重要性，积极推动科技产业向

前发展，顺应了时代进步的发展潮流，遵循了历史齿轮向前转动的发展规律，重视科技产业在省内各产业中的重要地位。科技产业的出现是社会经济发展过程中的一个重大转折点，科技产业不同于一般产业，所发挥的作用更能够体现科技产业的价值。如今，一个中等国家的总产值已经成为一个最大产业的产值，各国之间在科技实力方面的竞争正变得更具竞争力，越来越开始重视技术产业的发展，随着国际形势的变化，黑龙江省必须顺应时代的发展，重视科学技术的创新，发展科技产业。

4.1.3.2 社会各界积极支持科技产业的发展

黑龙江省政府响应国家相关科技政策，综合考虑本省实际情况，制定黑龙江省科技发展战略，各地区政府、社会组织等多方积极支持，政策上的一呼百应确保了产业上的良好发展势头。省、市政府、中介机构、社会企业等组织对科技产业发展的重视和一致目标，有利于科技产业发展的顺利进行。黑龙江省市政府等组织为了高新技术产业的发展，提出了高技术、高质量、高端产品的开发。"十三五"规划中指出，五年来，黑龙江省高新技术产业的发展得到了积极推动。重点建设高新技术产业开发区，充分利用黑龙江省资源、人才和技术等优势。优化产业升级，抢占高新技术产业发展的创新创意，推动科技产业进步，促进经济发展。

4.1.3.3 新兴科技产业发展前景广阔

黑龙江省十分重视新兴科技产业的发展，将其作为黑龙江省战略性发展目标，成为黑龙江省产业结构优化的重点。各级政府十分重视，在政策引导、资金支持下，产业资金投入、产品生产都取得了快速进展，发展前景十分广阔。黑龙江省正在构建政府、银行、企业等组织之间的合作平台，推进信贷产品创新。推进高新技术产业项目的开发建设，积极推动科技产业园的发展。召开科技风险投资会议，推动科技成果产业化。

4.1.4 黑龙江省科技产业挑战分析

4.1.4.1 省内各地科技产业发展不平衡

随着黑龙江省对发展科技产业的重视，R&D投入不断上升，但R&D经费主要投入哈尔滨、大庆、齐齐哈尔等经济发达地区，高达全省科研经费的94%，而其他欠发达地区没有得到对R&D资源公平的分配。由此导致黑龙江省存在着发达地区与其他地区科技产业发展水平差距较大的问题。

从整体产业布局来看，黑龙江各省市产业发展之间存在明显的差异，省会哈尔滨、石油大庆等地区发展较快，而煤炭鸡西、木材伊春等地区则发展较慢，基本上仍然以第二产业发展为主，科技产业发展缓慢。目前，黑龙江省各市虽然都在积极建设发展科技产业的过程中，但是有一定实力的组织和企业却在向外迁移，难以留住较强企业，从而导致企业辐散能力较弱。

4.1.4.2　青年人才流失严重

黑龙江省教育资源丰富，单就哈尔滨来说，科研实力位居全国城市前列，有哈尔滨工业大学、哈尔滨工程大学等高等院校50多所，科研机构上百所。但是许多科技人才至今仍然面临着待遇低、生活质量差等问题，后顾之忧较多，于是在经过高校的学习深造之后更愿意去沿海地区、发达地区以求得更好的生活和更加广阔的就业前景。稳定并且吸引科技人才是重中之重，促进黑龙江省经济发展、提高人才的待遇才是根本。

4.1.4.3　产学研结合不足

近年来，黑龙江省开始逐渐加大对科技产业发展的扶持力度，提高创新政策、调整产业结构、优化产业升级，黑龙江省的科技产业有明显的增加，但是仍存在一些缺陷，科技产业的创新性不足，其技术、功能、作用并不突出，校办科技产业逐渐缩减，这些方面存在的问题都是黑龙江省在经济发展过程中面临的严峻问题。

高校和科研机构的科学研究与组织、企业的经济优势相结合，促进科研成果的转化，提升科研成果的价值，这是推动科技产业发展的主要途径，但黑龙江省科研成果转化效率低，科技产出低效，没有充分发挥产、学、研三方的综合作用，影响了科技产业的进步。黑龙江省应优势互补、激发科研创造活力，促进产业界、高等院校、科研机构之间进行高效协作，加速科技成果的转化升级。

4.1.4.4　科技产业空间制约问题突出

企业发展空间制约科技产业发展规模，目前黑龙江省房地产业发展的大部分土地利用格局都发生了变化，在一定程度上减少了科技产业空间的发展。房地产开发提升了土地价值，但同时一定程度上限制了科技企业的生产和办公空间，提高了成本，再加上其他省市的各种投资和引资政策，导致科技企业为了追求发展潜力和企业效益搬迁外省，科研机构和科技企业的迁移将对黑龙江省高新技术产业的发展产生重大影响。

4.2 黑龙江省科技产业发展的PEST分析

PEST分析作为一种对宏观环境分析的方法，是包含影响战略制定的四个方面：政治环境（Political Environment）、经济环境（Economical Environment）、社会环境（Social and Cultural Environment）、技术环境（Technological Environment）在内的针对宏观环境的战略分析方法。其大致流程是通过对上述四个方面的综合分析，了解当前所处宏观环境的基本情况，从全局观出发对其做出整体评价，进而做出发展战略。具体而言上述四个方面分别是指：

（1）政治环境。具体还可以继续划分为政策制度环境和法律环境，其中前者是指与所在地区的政府、党政机关有关的因素分析，具体可以分为政策、社会法规、相关政治制度等；后者主要是指相关的法律法规和规章制度等。

（2）经济环境。经济环境占有重要地位，其中经济环境的分析中各种经济因素则会直接影响未来的市场前景，与经济学分析方式一致，包含微观经济环境和宏观经济环境两种，具体可以分成本国以及本地区的国民生产总值、恩格尔系数、通货膨胀情况、居民可支配收入等与经济发展水平有关的经济学指标。

（3）社会环境。则主要可以分为社会文化方面和人口环境方面两个部分。前者可以细化为本地区的风俗习惯、传统文化因素等；后者则可以分为人口规模、年龄构成等。

（4）技术环境分析。则是科技产业战略分析的关键，主要是针对与当前科技产业发展有关的科学技术经济综合评价，在全面掌握当前科技水平的同时，对未来科技发展的方向进行预测，具体是对未来可能出现的新产品、新型能源和材料的发展趋势等。

4.2.1 政治环境分析

4.2.1.1 政府政策大力支持

黑龙江政府积极支持本省科技产业的发展，颁布实施了多项推动科技产业发展的政策，例如，实施黑龙江省重大科技研发项目，将国家重大科技项目交给省科研机构、高校、企业积极研究；支持企业转化科技成果，建立高新科技产业区成果转化链；进行科技奖励制度改革；发放科技创新券。在政府适时发布的有关科技产业政策的支持引导下，黑龙江省发展科技产业有了坚实后盾和强大助力。

4.2.1.2 法律法规逐步完善

为满足科技进步、经济发展的需要，黑龙江省于 2015 年 1 月 1 日废止《黑龙江省科学技术进步条例》并同时颁布新《黑龙江省科学技术进步条例》，新《条例》贯彻党的精神，依据 2007 年修订的《国家科技进步法》，借鉴各省市的先进科技法经验，总结黑龙江省近年来推进科技进步的政策实践，针对黑龙江省科技进步、经济发展和社会进步的需要而重新制定。2017 年黑龙江省人民代表大会常委会通过《黑龙江省促进科技成果转化条例》，在条例中明确了科技产业中各个主体的责任和地位，在促进了科技成果转化与产学研深入结合有重要意义。科技法的逐步完善有力地促进了创新驱动发展战略的实施，依法推动黑龙江省科技进步，让科技能够更好地服务经济、惠及民生。同时，黑龙江省政府认真贯彻国家科技相关法律法规，如《科学技术进步法》《专利法》等。

4.2.1.3 管理体制日趋成熟

政府职能向为科技产业发展服务转变，推动科技创新体系建设，深化科技体制改革。第一，强化对中小企业的管理和引导，促进科技成果化。第二，将科研管理权下放给符合科研条件的承担单位。第三，积极推动科技创新创业平台建设，加快建立科技企业孵化器、大学科技园等各类孵化平台。黑龙江省科技产业管理体制逐步统一化、规范化，使得其科技产业得到稳步发展。

4.2.2 经济环境分析

4.2.2.1 投融资环境改善

健康的融资环境可以保证科技产业拥有足够的资金发展壮大。黑龙江省积极创建科技产业共建共享的资本金融市场融资合作平台，拓宽融资渠道，优化科技产业融资系统，减少产业融资成本，创造更大的利润空间。

4.2.2.2 经济发展趋势良好

科技产业的良好发展和发达的经济环境休戚相关。近年来，黑龙江省国民经济呈现出平稳上升趋势，黑龙江省城乡居民收入逐年增长，城乡居民恩格尔系数数年递减，对科技的相关产业释放出极大的消费潜力，科技产业正潜移默化地改变着人们的价值观、生活方式，让人们的生活更加便捷高效、丰富多彩。

4.2.2.3 市场机制完善优化

黑龙江省树立市场经济新观念，在发挥政府公关管理职能的同时，遵循市场经济规律，充分发挥市场机制在发展科技产业过程中的积极作用，公平竞争，强化社会监督，使科技产业发挥自身调节优势，得到长足发展。

4.2.3 社会环境分析

4.2.3.1 开放包容的社会文化

黑龙江省有着鲜明独特的地域文化，对于外来文化采取不排斥的接纳态度，这片肥沃的黑土地滋养着一代又一代勤勤恳恳、开放包容、锐意进取的人民，这为科技产业的发展营造了一个富有包容性、开放性、开拓性、进取性的社会文化氛围。

4.2.3.2 物美价廉的科技资源

黑龙江省虽地处祖国边疆，但是经过多年辛苦奋斗已经积攒了丰富的科技资源，培育了大批科研人才，与此同时，黑龙江物产丰富、环境优美，草原面积位列全国前茅，地域辽阔。黑龙江省的水资源、矿产资源、森林资源十分丰富，并具有巨大的开发潜力，是科技产业吸引外资的竞争优势。

4.2.3.3 逐步完善的基础设施建设

黑龙江省在国家政策的支持下，对水利、交通、城镇、电力等基础设施进行建设。开展全省水利建设，例如，三江治理工程、尼尔基引嫩扩建骨干一期工程等；铁路建设实现历史性的突破，省委省政府全面谋划黑龙江省铁路建设发展蓝图，打造"一轴两环一边"的铁路网骨架；加快机场的建设，黑龙江空港是省经济发展的催化剂；城镇基础设施建设日趋完善，省政府紧抓"振兴东北老工业基地战略"的发展机遇，全面加强建设力度，扩大规模、完善功能、提高水平；加快电力基础设施的建设步伐。

4.2.4 技术环境分析

4.2.4.1 科技创新水平不断提高

经过黑龙江省知识产权局2018年度的审核，黑龙江省多个高校、科研院所成为专利发展项目的主要单位，其中包括哈尔滨工程大学等16个高校和科研院所得到专业项目的支持。据统计，黑龙江省每万人口发明专利拥有量5.266件，此数据逐年增长，可见黑龙江省科技创新水平正逐步提高。黑龙江省重大科技项目实施实现了新突破。从2008年开始，黑龙省的科技投入方式逐步改变，经历了三个阶段：从支持项目→方向，到支持专家→团队，再到支持企业→产业，政府相关部门筹划了多项重要的科技项目。如中车齐齐哈尔公司自主创新，取得了多项铁路货车关键技术的重要突破，奠定了我国铁路货车重载技术的世界领先地位。促进了黑龙江省科技产业的发展，为争取国家级科技项目打下了坚实的基础。

4.2.4.2 科技创新能力不断突破

黑龙江省科技产业创新能力在不断提高，主要表现在：一是新产品的研发能力不断提高。科技产业创新能力的一个重要评价指标是，某个高技术新产品在销售过程中的收入多少，根据2021年《中国高技术统计年鉴》相关数据表明，2020年，黑龙江省全年的高新技术产业开发新产品项目1176个，新产品开发经费支出22.22亿元，新产品收入169.94亿元，其中出口销售收入1.34亿元。这充分说明当前黑龙江省科技产业的创新能力在不断提升。黑龙江省高等院校、科研机构、研究所等在政策引导和多方支持下，不断探索钻研，在多个科技领域中取得了显著成就，例如，航空航天新材料的研制、农作物抗病增产技术、医疗科技等。在很多领域的科研成就位居全国乃至世界前列。黑龙江省整体科研实力不断增强，高质量科研成果不断涌现，为社会创造了巨大收益，在科技的支撑下，科技成果由广大民众共享，民生得以改善，社会经济得到发展。

4.2.4.3 技术密集程度迅速提高

一个地区R&D内部经费支出的多少可以很好地反映这个地区的科学技术的密集程度，2021年《黑龙江统计年鉴》统计的数据表明，2020年黑龙江省R&D内部经费支出173.16亿元，相当于地区生产总值的1.26%，同比增长了18.16%（2019年R&D内部经费支出为146.55亿元，相当于地区生产总值的1.08%）（表4-4）。从数据可以看出，当前黑龙江省R&D经费内部支出的投入经费增速较快，这也说明了当前黑龙江省科技产业技术密集程度在迅速提高。

表4-4　2015—2020年黑龙江省科技经费支出情况

指标	单位	2015	2016	2017	2018	2019	2020
R&D经费支出	亿元	157.7	152.5	146.6	135.0	146.6	173.2
R&D经费占GDP比重	%	1.35	1.28	1.19	1.05	1.08	1.26
地方财政科技支出	亿元	42.9	44.9	46.9	39.5	42.2	43.0
占地方财政科技支出比重	%	1.07	1.06	1.01	0.85	0.84	0.79
高技术产业R&D经费支出	亿元	20.2	24.4	—	6.0	10.1	10.5

数据来源：《黑龙江统计年鉴》和《中国高技术产业统计年鉴（2021）》

4.3 黑龙江省科技产业发展钻石模型分析

钻石理论是分析一个行业竞争力程度的工具，行业的竞争力程度受五种因素影响。

4.3.1 生产因素

黑龙江省经济社会发展离不开资本、科技、设施和人才等生产因素方面的影响，包括地理位置、气候条件、历史文化和自然资源等因素，也包括决定科技产业发展前景的高端人才、研究机构等条件。丰富的自然资源、低廉的生产成本、充足的资金支持等具有较高水平的专业生产要素可以加快科技产业的发展；另一方面，科技资源有限、人员缺少等问题也会阻碍产业升级，影响科技产业发展。

4.3.2 需求因素

产业发展的动力源泉是市场需求，而国内市场的需求指的是需求因素。需求因素包含人民的消费水平、收入水平等条件，能够直接影响到科技产业所生产出来的产品是否被人民所需要，以及是否能够对组织产生利益效果。市场需求水平是企业发展的动力源泉，科技企业的发展是为了更好地满足消费者的需求，反之，消费者需求水平也能够促进科技产业的发展。黑龙江省人民生活水平正在逐步提高，但是城镇居民人均可支配收入却仍低于中国许多地区，因此，黑龙江省科技产业的发展目标并不局限于本省相关地区，而是要面向全国地区，打造省内自有品牌，生产出具有价值的科技产品。

4.3.3 相关和支柱产业

科技产业的发展，将会带动与其相连的其他相关企业的发展，并不是单独存在的，从产业链的角度来看，邮电通信业、机械制造业等领域的发展都会反映科技产业的发展情况。同样，科技产业的发展情况也会反映其他行业领域的发展水平。迈克尔·波特提出产业集群这一现象，指出强势产业并不是独立的，它将与其他相关产业一起发展，高新技术产业需要与其他相关产业的共同发展。科技产业的发展离不开服务业、机械制造、交通运输、邮件通信等相关产业。这些产业的发展为科技产业的发展提供了有力的保障，促进相关产业对高新技术产业发展的作用。目前黑龙江省的科技产业与其他相关产业仍缺乏密切联系，产业链尚不完善。

4.3.4 企业战略和同业竞争

竞争者实力、内部管理水平和市场秩序强度三个方面在一定程度上反映了科技产业的科技创新能力和市场模式。从这三个方面可以考虑产业竞争力是否在市场环境中具有竞争优势。黑龙江省政府颁布一系列措施来鼓励科技产业的发展，如哈工大国家大学科技园、农业科技园等研究基地，以便更好地带动黑龙江省整体产业的发展，提高黑龙江省的综合实力。不论是在资金、人才、技术等各个方面，虽然在一定程度上与上海、北京等地区存在一定差距，但黑龙江省的经济发展速度与发达省份的差距正在逐渐缩小，综合实力明显上升。一个产业要想达到最大的成功，不是拥有国际市场地位，而是先要经过国内市场的发展，优化产业结构，提高科技创新水平。

4.3.5 机会和政府

除了上述所说的四个方面以外，机会和政府也是影响因素之一，两者都会影响到其他因素的实施情况。政府指的是颁布的法律文件、市场环境等各个方面对产业的影响。现如今，黑龙江省政府机构正在推进龙台科技产业合作、政银企合作平台、信贷产品创新等一系列措施来促进科技产业的发展，实现共赢。而机会的作用体现在两个方面，一是它能够使处于劣势的产业变得具有优势，二是它也能使处于优势的产业变成劣势。与此同时，黑龙江省的经济正处于发展转型时期，用科技实力促进经济的发展，建设繁荣开放的黑龙江省。

4.4 黑龙江省科技产业发展资源禀赋分析

4.4.1 人力资源

黑龙江省科技产业的发展有着较为丰富的人力资源，黑龙江现在有着包含哈尔滨工业大学、哈尔滨工程大学、东北林业大学等在内的高等院校80余所、国家工程实验室150余个、国家工程研究中心130余个，国家认定的企业技术中心1100多家。这些高校和科研机构每年为黑龙江省科技产业提供数以万计的人才。人才是科技产业发展的主要动力源泉，人才数量越多、质量越好，科研成果就会越多，转化的科技产品和生产力也就越多，科技产业的发展也会变得越快。

人力资源在人类生活中能够创造一定的社会价值。它的特点是拥有较多的文化知识，或是很强的技术能力。伴随着信息化时代的进步，企业资源中的重要资源已被人力资源所取代,人力资源战略已成为企业未来发展战略过程中的重要组成部分之一。伴随着黑龙江政府、企业等组织对科技产业的逐渐重视,黑龙江省的人力资源呈正增长态势发展。2020年,黑龙江省研究生培养单位29所,研究生8.9万人,普通高校80所,在校生86.2万人,毕业生19.6万人。虽然黑龙江省的人才数量增长速度仍然与广东、上海、深圳等发达地区存在一定的差距,但以目前黑龙江省现有的科研成果,足以满足黑龙江省现在的发展状态,以支持科技产业的发展。

4.4.2 知识资源

知识资源是指可以在知识的基础上加以循环反复利用、能够增加社会财富的资源。它存在于人类记忆的深处,也存在于有形的物体中,例如:计算机程序、书籍、档案等,在20世纪末,经济合作与发展组织(OECD)曾指出,知识资源可分为四小类、两大类,一是事实知识、原理知识、技能知识和人际知识,二是显性知识和隐性知识。其中,显性知识包含事实知识和原则知识,通常以书面、数字化为特征,以便扩散。隐性知识包含技能知识和人际知识,通常以非系统化、非结构化、非语言化和非编码化为特征。

自古以来,知识的重要性一直被社会各界所认可。例如,托夫勒曾经提出:"知识资源是取之不尽、用之不竭的可再生资源,一方面可以节约时间,另一方面还可以替代物质、能源。"根据经济合作与发展组织(OECD)统计,经济合作与发展组织主要成员国的知识经济产出占GDP的50%以上。从这个数据中得知:知识资源已成为经济增长的核心要素之一,在一定程度上体现了知识资源的重要意义。在科学技术发展不错的国家,特别是在技术产业发展时期,保护知识产权尤其重要,很多国家知识产权都得到了很好的保护。与此同时,伴随着经济的迅速发展,黑龙江省知识资源的累积也促进了科技产业的发展。资本投入方面,2020年,黑龙江省研究与试验发展内部支出146.55亿元。通过以上数据可以看出,科技产业的发展需要时代的进步、科技的创新和资金的支持,三个方面缺一不可、相辅相成。根据《中国统计年鉴》中黑龙江省研究经费逐年增加的趋势来看,黑龙江省对知识资源的开发和积累以及科研开发的重要性都给予了极大的重视。这将是黑龙江省科技产业发展的重要象征。

据不完全统计,当前OECD组织(经济合作与发展组织)中很多的主要成员国的GDP的50%以上都是由知识经济产值构成,这充分说明了现今知识资源

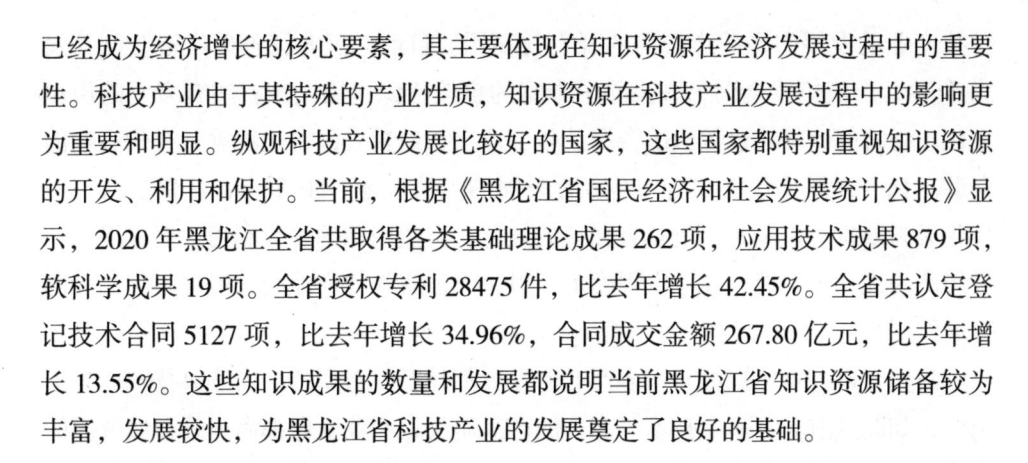

已经成为经济增长的核心要素，其主要体现在知识资源在经济发展过程中的重要性。科技产业由于其特殊的产业性质，知识资源在科技产业发展过程中的影响更为重要和明显。纵观科技产业发展比较好的国家，这些国家都特别重视知识资源的开发、利用和保护。当前，根据《黑龙江省国民经济和社会发展统计公报》显示，2020年黑龙江全省共取得各类基础理论成果262项，应用技术成果879项，软科学成果19项。全省授权专利28475件，比去年增长42.45%。全省共认定登记技术合同5127项，比去年增长34.96%，合同成交金额267.80亿元，比去年增长13.55%。这些知识成果的数量和发展都说明当前黑龙江省知识资源储备较为丰富，发展较快，为黑龙江省科技产业的发展奠定了良好的基础。

4.4.3 资本资源

资本资源是指组织生产最终产品过程中所需要的过渡资源。例如：机器、电子设备、建筑等资源。经济发展过程中，资本资源是不可缺少的重要资源，是保证整个产业链的正常运行，确保经济结构向正常轨道发展的关键之源。目前，黑龙江省的交通越来越便利。电子设备也被应用于社会的各个方面。建筑、厂房和机器等资本产品变得越来越多样化。利用这些资本产品来形成健全的产业链初步成熟。这些价值链的形成促进了黑龙江省科技产业未来发展的进步，也为此进一步地实现了资本产品的剩余价值。

4.4.4 自然资源

自然资源是在原始状态下具有价值，只需要采集和纯化，不需要进一步生产和加工的产品。目前，服务业、餐饮业被认为是非获取自然资源的产业，而石油、林业一般被认为是获取自然资源的产业。自然资源一般被分为两种类型：一类是不可再生资源和可再生资源，另一类是无形自然资源和有形自然资源。不可再生资源有泥炭、金属矿产等资源；可再生资源有土地、气候等资源；无形自然资源有文化、关系等资源；有形自然资源有森林、河流等资源。矿产资源并非无处不在。为此，自然资源具有有限性、整体性、地域性。

如今，自然资源的价值已经被世界各国开发利用，以此来提高国家经济的发展，尤其是天然气、石油、煤矿等自然资源。除了普遍存在的光、风等资源以外，黑龙江省的资源是比较丰富的。据统计，黑龙江省现存在矿产资源130多种，其中70多种资源已明确储量，石墨、钾长石等矿产资源数量领先全国。黑龙江省科技产业的发展需要矿产资源的开发与利用。目前，黑龙江省矿产资源已开发30余种，产值位于全国第二。除了丰富的自然资源，黑龙江省还有多元的历史文化、独特的冰雪特色等旅游资源。包含冰雪、地质公园、边境等具有代表性的资源。如今，黑龙江省现有400多万公顷的天然湿地、50多个自然保护区，而且冬天雪期长、雪量大，更具有独特的景色。自然资源的开发利用，促进黑龙江省经济的进一步发展，在一定程度上，对黑龙江省科技产业的发展也起到相应的带动作用。

我们知道，自然资源对很多产业的发展都是至关重要的，当然科技产业也不例外，如航空航天、高端技术等产业的产品研发、产业发展都离不开自然资源的支撑。如果对黑龙江省丰富的自然资源合理利用，将会对黑龙江省科技产业的发展起到巨大的推动作用。黑龙江省有着占全国70%以上的石墨资源，石墨是制造石墨烯的最好原材料。石墨烯，是一种导热和导电能力都很强的纳米材料，在很多行业有着非常重要的作用。目前黑龙江省依托高校和各类科研机构以及石墨烯相关企业成立了石墨烯产业联盟，建立了石墨烯研发团队十余个，攻克和研发了一批石墨烯相关创新成果。促进了黑龙江省石墨烯科技产业的快速发展，为黑龙江省经济转型发展提供了新动力。

4.5 黑龙江省优势产业

随着社会的快速发展，黑龙江省产业主要以现代农业、食品、能源、石化、装备等支柱产业为主。相关优势产业为发展科技产业奠定了产业基础。

4.5.1 现代农业

黑龙江省位于世界三大黑土带之一，土地资源富集，人均占有资源多，耕地集中连片，适宜大型机械化作业，农业生产规模化、机械化、智慧化水平全国领先，是全国农业现代化建设排头兵和国家粮食安全"压舱石"，是全国绿色粮仓、绿色菜园、绿色厨房。北大荒农垦集团是我国农业先进生产力的代表，现有耕地4448万亩，下辖9个分公司、108个农(牧)场有限公司。农业科技贡献率达76.28%，科技成果转化率达82%，居世界领先水平，2010年，黑龙江农垦被农业部命名为"国家级现代化大农业示范区"。打造了米、面、油、肉、乳、薯、种等支柱产业，集团旗下拥有国家级及省级农业产业化龙头企业11家，培育了

"北大荒""完达山""九三"等一批中国驰名商标。2022年,北大荒集团持有的"北大荒"品牌价值达1706.96亿元,稳居中国农业第一品牌,位列世界品牌500强401位。

4.5.2 食品产业

食品产业是黑龙江省最具有发展潜力的产业之一,经过对食品产业的改造改组的力度持续增强,产业集中度也明显提高,是国家重要的高品质乳肉禽蛋制品加工基地,食品和农副产品精深加工业发达。黑龙江省食品产业不仅先后成功引进伊利、蒙牛、珠海华丰、山西杏花村、瑞士雀巢等全国知名品牌企业,形成了啤酒制造、肉类加工、乳品加工等食品优势产业。而且在食品加工过程中,改变了传统的加工模式,融入了高新的加工技术、工艺,使用了先进的设备,适应国内外食品加工的最新发展趋势,使其食品产业向高科技水平发展。如农产品生物技术应用、非热加工、变温压膨化干燥等。把食品研发技术作为黑龙江省科技创新重点项目之一,加大科研的投资力度,尽早规划、立项、实施。同时,政府应鼓励各食品公司自主研发,给予企业与科研院所建立交流渠道,并对获得创新成果的人才给予奖励。坚持引进消化与自主研发相结合,以实现技术、工艺、设备的新升级。

4.5.3 能源产业

随着黑龙江省能源工业基础地位已经巩固,大庆油田建设战略已深入推进。为缓解黑龙江省油田产量逐年递减带来的影响,黑龙江省加快了海拉尔、安达、双城等外围油田的勘探。除黑龙江省石油能源(化石能源)以外,非化石能源的发展也逐渐引起黑龙江省的重视。如太阳能、风能、海洋能、风电资源等。黑龙江省的能源产业主要集中于哈尔滨、大庆、鸡西等市。用科学的发展观统领能源产业的未来发展,完善能源技术服务体系,为能源产业创造良好的发展空间,积极支持投资基金参与能源产业的发展建设,加强能源产业的科技化水平。

4.5.4 石化产业

石化产业包含石油化工、煤化工、生物化工、化工新材料等产业,2012年,黑龙江省已经将煤化石油项目和生物产业项目列为重点项目之一,基础化工产业规模持续扩大,产业链逐渐完善,为更好地应用本地资源以及结合产业发展的需求，促进石化产业的快速发展，黑龙江省工信部也出台了相关的政策条例，如《黑龙江省石化工业"十三五"发展规划》《石化和化学工业"十三五"发展规划》。以优化产业结构，加快产业升级的步伐。同时，黑龙江省也积极支持化工园区的建设，提高产业的承载和集聚力。2021年大庆油田实现松辽盆地陆相页岩油重大战略性突破，大庆古龙页岩油将成为大庆百年油田建设的重要战略资源。大庆油田正按"项目化管理、市场化运行、平台化布井、工厂化作业、智能化管控、低碳化发展"全新模式，开展开发先导试验，积极推动大庆古龙陆相页岩油国家级示范区建设。

4.5.5 装备产业

"十三五"以来，黑龙江省的装备产业发展尤为明显。其中哈尔滨、大庆、齐齐哈尔工业走廊装备产业发展尤为明显，成为黑龙江省装备产业的典范。黑龙江省的装备产业骨干企业已经通过先进的制造能力、自主的创新水平，并与国际的其他企业合作，使其装备产业化水平逐年上升，企业主导产品已达到国际化水平。此外，重型数控机床、中宽带钢冷热轧机、重型燃气轮机等产品实现了国产化水平，航空产品、发动机、汽车等产品基本形成全套系列，相关配套设施产业也加速发展，奠定了黑龙江省"龙江制造"的显著地位。

哈尔滨、大庆、齐齐哈尔、牡丹江等市为成熟型城市，双鸭山、黑河、伊春等市为衰退型城市。大庆、鹤岗、鸡西等市以矿产资源发展为主，经济发展较快，而大兴安岭、伊春、黑河等地区以木材发展为主，经济发展缓慢。黑龙江省除正在发展中的四大支柱产业之外，也陆续成立了高新技术企业，如2015年，哈尔滨工业大学成立了雷达信息公司、激光通信公司、焊接集团、机器人集团四家高新技术产业。2016年4月14日，依托哈尔滨工业大学的哈工大大数据产业集团公司、哈工大卫星技术有限公司、哈工大利剑集团公司正式成立。这些高新技术产业的发展，推进了黑龙江省科技创新驱动发展战略。同一时期，黑龙江省新增两家国家级科技企业孵化器，至此，拥有黑龙江省国家级科技企业孵化器达13家。航空工业哈尔滨飞机工业集团是我国直升机、通用飞机、先进复合材料构件的主要研发制造基地。2017—2020年，正威新一代新材料产业园、黑龙江鲲鹏生态创新中心、哈尔滨工业大学人工智能研究院有限公司等落户哈尔滨新区。2022年11月国家科技部、教育部批准依托哈尔滨工业大学、哈尔滨市政府、哈尔滨高新区、哈电集团建设的航空高端装备未来产业科技园，围绕航天器制造及应用、宇航空间机构、航天新材料及器件、空间信息处理、航天先进动力及装备、空间生命保障等技术方向，培育一批航天高端装备未来产业高成长性科技企业，推动形成卫星制造及应用、航天新材料及装备等未来产业集群，打造国内具有重要影响力的未来产业培育高地。

综上所述，黑龙江省科技产业发展处于上升趋势，经济发展水平不断提高，但科技产业发展的主体多集中在哈尔滨、大庆、齐齐哈尔等市，其他市县相对较少。

4.6 黑龙江省科技产业发展现状及存在问题分析

综上分析，总结黑龙江省科技产业发展的现状和存在问题。

4.6.1 黑龙江省科技产业发展现状

4.6.1.1 科技产业的发展速度迅速提高

根据《中国高技术产业统计年鉴（2021）》的相关统计数据表明，2019年黑龙江省高技术产业的主营业务收入为420.2亿元，2020年为284亿元，高技术产业的主营业务收入增长速度较快，新产品销售收入也上涨到了169.9亿元（表4-5），这些数据表明了黑龙江省科技产业发展速度逐步提高，对黑龙江省的经济增长做出了积极的贡献。1992年，大庆市获批建设了东三省的第一个国家级创新科技园，2009年，哈尔滨科技创新城规划建设成功，为黑龙江省科技产业发展和经济发展做出了贡献，促进了黑龙江省科技产业资源的快速凝聚。接着黑龙江省在各地市又相继建设了航空航天科技产业园区、云计算产业园区、汽车商贸产业园区等特色科技相关产业园区。2010年，齐齐哈尔开发建设了黑龙江省除哈尔滨、大庆外的第三个国家级科技产业园区。2015年哈尔滨新区获得国务院的批复，同意建设开发我国第一个以俄罗斯贸易为主体的国家级新区。2022年5月9日，国务院同意哈尔滨高新技术产业开发区建设国家自主创新示范区。除国家级新区外，黑龙江省也开发建设了一系列省市县各级产业园区，如牡丹江熙龙文化产业园、牡丹江物联网产业园、佳木斯绿色食品产业园等，不可否认，这些黑龙江的各级各类产业园区的发展建设，不仅加快了黑龙江省科技产业发展的速度，同时也有效促进了黑龙江省的经济变革和发展。

表4-5 黑龙江省高技术产业主营业务收入和利润总额（亿元）

年份	主营业务收入	利润总额	新产品销售收入
2000	166.9	7.1	43.9
2005	313.3	14.4	94.0
2008	311.7	30.3	35.6
2009	356.5	38.5	30.6
2010	399.2	47.7	29.3
2011	427.7	47.0	46.3
2012	524.2	46.5	57.7
2013	610.8	48.8	65.5
2014	632.4	51.6	77.7
2015	622.2	70.6	76.1
2016	487.7	66.4	96.8
2018	418.1	44.3	38.8
2019	420.2	37.2	183.5
2020	284.0	31.0	169.9

数据来源：《中国高技术产业统计年鉴（2021）》

注：因2018年《中国高技术产业统计年鉴》未出版，故2017年相关数据缺失。

4.6.1.2 科技产业发展环境不断优化

黑龙江省从体制改革、财政补贴（金融融资）、人才培养、基础设施建设、其他方面的建设五个方面出台了一系列政策来保障黑龙江科技产业的发展，为黑龙江省科技产业的发展打造环境支持（图4-1）。出台了《贯彻落实〈关于深化人才发展体制机制改革的意见〉实施方案》《黑龙江省促进科技成果转化条例》《大学生创新创业30条政策措施》《黑龙江省科技奖励制度改革方案》《黑龙江省技术转移体系建设实施方案》《黑龙江省科技成果产业化行动计划（2022-2025年）》《黑龙江省科技类产业政策实施细则》等一系列政策方针，实施"千户科技型企业行动计划"计划，激励黑龙江省科研人员和大学生投身创新创业、鼓励市场孵化科技企业，促进高科技技术产业化发展；实施了《"龙江科技英才"特殊支持计划实施办法（暂行）》，与中科学院、工程院、中关村等科技研究所和园区建立科技合作联系。目前，全省有158家科技产业相关单位与中科院所属研究所开展合作项目235个,全省转化43个院士团队的97项成果,成立40家科技企业;创建了科技创新创业共享服务平台、工业云服务等平台为科技企业和科技从业者提供政策、法律法规咨询等服务。

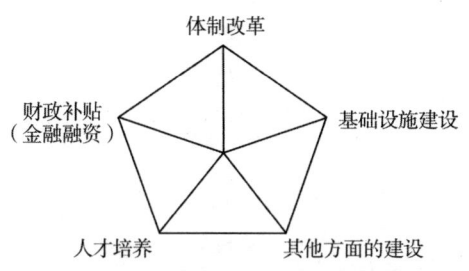

图4-1 黑龙江省科技产业发展政策系统图

4.6.1.3 科技产业集群初显规模

众所周知,一个地区产业集群的数量和规模会影响到这个地区投资的均衡性,一定数量和规模的产业集群将会吸引到大量的投资者,并会带动周边其他相关产业的良好发展。根据《黑龙江省科技统计手册(2021)》数据显示(表4-6),截至2021年底,黑龙江有11个高新技术开发区,其中国家级高新区3个(国家级高新区基本情况见表4-7);重点实验室297个,其中国家级7个;技术创新中心356个,其中国家级7个;16个火炬特色产业基地,其中国家级10个;38个农业科技园区,其中国家级5个;省部共建国家重点实验室培育基地1250个;国家级科技企业孵化器达到21家。建设有国家级特色产业联盟5个、产业技术创新战略联盟58个,盟员单位1888家,涵盖了金属新材料、VR虚拟现实技术、石墨烯相关产业、智能制造产业、轻量化制造产业等科技行业。数据表明,当前黑龙江省科技产业集群现状虽然受到地理位置等因素的限制,但也初具规模,对黑龙江省科技产业的发展起到了不可忽视的作用。

表4-6 2021年黑龙江省各类创新平台、基地等情况(单位个、人)

指标		数量
独立研究院所	总数	126
	中直	18
	省属	85
重点实验室	总数	297
	国家级	7
技术创新中心 (工程技术研究中心)	总数	356
	国家级	7

续表

指标		数量
高新技术产业开发区	总数	11
	国家级	3
	省级	8
科技企业孵化器及众创空间	总数	249
	国家孵化器	21
	国备众创空间	29
	在孵企业数	6697
技术转移示范机构	总数	61
	国家级	11
大学科技园	总数	7
	国家级	6
农业科技园区	总数	38
	国家级	5
省部共建国家重点实验室培育基地		1250
国家野外科学观测研究站		1932
国家火炬特色产业基地		10
省临床医学研究中心		23
高新技术企业		2738
科技型中小企业		4044
两院院士		41
院士工作站		25
科学家工作室		67

数据来源：《黑龙江省科技统计手册（2021年）》

表4-7 2019—2020年黑龙江省国家高新区基本情况（单位个、亿元）

年份	高新区	企业数	营业收入	工业总产值	实际上缴税费	净利润
2019	哈尔滨	580	1751.6	857.5	128.5	62.4
	大庆	370	1474.8	1185.1	215.2	38.8
	齐齐哈尔	102	336.5	323.1	17.4	11.7
2020	哈尔滨	832	1921.0	889.6	147.6	37.4
	大庆	394	1502.8	1111.1	104.1	65.3
	齐齐哈尔	129	376.1	381.2	19.1	16.7
2021	哈尔滨	1000	2078.6	940.1	156	38.9
	大庆	432	1600.0	1420.0	106	75
	齐齐哈尔	168	405.1	448.5	20.6	17.5

数据来源：《中国火炬统计年鉴》

4.6.2 黑龙江省科技产业发展存在的问题

4.6.2.1 各区域科技产业发展不平衡

从黑龙江省科技产业的布局上来看，目前黑龙江省科技产业的发展存在明显不均衡、不平衡发展的现象。比如，当前哈尔滨、大庆、齐齐哈尔、牡丹江等地市的科技产业发展就比较快，而像鸡西、伊春等地市的科技产业发展速度相比就较为缓慢。同时，又基于黑龙江省各地市的自然资源基础差异，所以各地市科技产业发展所依托的基础也有所不同，导致各地市的科技产业业态有所不同，也由于自然资源的制约，很多地市的科技产业发展阻力也比较大。例如，大庆市科技产业主要是以石油资源为基础的科技产业，鹤岗市的科技产业形势主要是以煤炭资源为基础的科技产业，而森林氧吧的伊春发展的科技产业则又是依托其丰富的木材资源，发展相关科技产业。依托石油资源和煤炭资源的大庆和鹤岗科技产业发展速度就比较快，而依托森林资源发展科技产业的伊春，其发展速度就比较慢；近些年来，黑龙江省委省政府非常重视科技产业发展的相关配套设施建设，并且也在各地市建设了一定数量的科技产业配套设施，但是由于各地市经济发展水平的差异、地理位置、人口数量等因素的影响和限制，导致一些有着良好基础和一定竞争力的企业还是会选择哈尔滨、齐齐哈尔、大庆这些地区，进一步导致了黑龙江省各地市科技产业发展的差距。

4.6.2.2 科技产业发展中存在"政府失灵"现象

一方面是由于政府的职能属性决定了政府只能是市场经营的监管者而不能成为市场经营的主体，所以政府对于市场经济发展的把控能力就较弱。同时，由于当前黑龙江省并没有一部明确的、行之有效的可以对政府出台的各类政策方针决策进行考评、激励和奖惩的制度，这就导致了政府在制定一些政策法规的时候可以毫不顾忌，不用担心和考虑做出错误决策的后果，随心所欲地制定一些科技产业相关的政策法规。根据黑龙江省在最初发展科技产业的时候仅仅拿财政拨款来促进科技创新的政策来看，当然，科技创新肯定是离不开资金的支持，但是不能仅仅只有经济基础，它还需要良好的发展环境、充足优秀的人才储备等才行；另一方面就是当前黑龙江省现行的各类科技产业相关的政策法律法规不能与黑龙江省科技产业发展现实需求良好地契合，不能很好地指导和规范科技产业的发展。主要存在的问题有，一是黑龙江省的知识产权保护相关法律不能行之有效地保障知识产权，其对知识产权的保障力度与西方发达国家相差甚远，很多相关工作流于形式，浮于表面。主要表现在，对于侵权的处罚力度过小，导致很多企业不愿意去做自己企业的技术创新而是铤而走险地去模仿和盗用别人的技术成果来进行生产，从而导致整个市场创新活力不够。二是缺少对高科技技术研发人员科学合理的考评体系和标准，导致科技人才储备不够、培养不到位、人才流失现象严重。

4.6.2.3 科技产业层次较低、规模较小、发展受限

一方面，黑龙江省由于其特殊的地理位置和人文环境因素的影响，当前黑龙江省的科技产业的主要增加值是由餐饮业、娱乐业、传统的邮电通信等行业构成。另一方面，黑龙江省由于比较寒冷的气候环境和较高的交通运输成本等问题，很多的大型集团和企业都不愿意在黑龙江省设立驻扎分公司，只有很少部分的集团和企业在黑龙江省设立了分公司，并且设立的分公司一般规模都比较小，同时黑龙江省本土的大型企业和集团也比较少，导致黑龙江省科技产业的层级和发展链条很难得到升级和完善，在黑龙江省的科技产业不能很好地产生产业集聚和辐射作用。还有黑龙江省由于地处偏僻，其高等教育比较落后，导致黑龙江省科技产业发展需求的高端人才储备不够，这些原因都导致了黑龙江省科技产业层级较低，规模较小，发展受限。

4.6.2.4 产学研结合不紧密

在当前的制度、环境以及观念的影响下，作为黑龙江省科技研发主力军的各大高校和各类科研机构的科研人员在实际的科研工作中都偏重于其科研成果的数量和质量，以获得职称上的晋升，而忽略了如何将科研成果转化为科技产品和生产力，导致整个市场上科研成果产业化的积极性较低；同时，目前黑龙江省还未形成一个将科研创新资源转化为科研成果再转化为科技产品和科技生产力的成熟的科技产业发展路径，使黑龙江省难以实现科技产品从研发到运用，再到生产推广运营，链条式发展对科技产业及周边产业的良性促进作用，导致科技资源和科技成果不能很好地发挥其价值和作用；还有当前黑龙江省的产学研之间的联系不是非常密切，三方之间合作程度水平比较低。从产学研三方单独来看，它们在各自的领域发展得都比较好，但是三方之间由于没有一个明确统一的利益分配机制，导致三方之间各自为战，不能很好地进行信息共享和科研合作，使黑龙江省的产学研未能实现其应该实现的价值。

4.6.2.5 科技中介发展不充分、作用不明显

目前黑龙江省科技中介机构虽然初具规模,已经形成了具有省、市、县三级,涵盖创新创业孵化器和科技产业生产力促进中心的科技中介机构框架,但是长期以来,由于社会和政府对于科技中介机构的认识不足、问题不够重视,导致很多科技企业和其企业管理者认为科技中介可有可无,在企业需要提升技术和其经营管理能力的时候都不会去寻求科技中介组织的帮助,导致其发展受到限制;同时,黑龙江省政府并没有将科技中介组织的发展纳入科技产业发展的战略高度来重视,有关科技中介组织的各类法律法规不健全,没有形成一个完备的体系,很多法律法规都是分散在其他各个领域的专门法律中,比如《经纪人管理办法》《中华人民共和国专利法》等,对服务于不同领域、不同行业的科技中介组织做出法律层面的要求和规范,但是对于整个科技中介机构没有一部专门的法律法规,这就使黑龙江省科技产业中介组织的发展缺少一个良好的环境支撑。导致科技产业中介组织发展困难,其对科技产业发展的促进作用也就很难发挥。

第5章 黑龙江省科技产业政策梳理及经验总结

政府对科技产业的指导，能够使科技力量真正入驻经济发展的战场，以科技产业带动经济转型升级。随着科技日益发展，黑龙江省出台了多项科技产业改革与发展政策与条例，范围涉及高新技术成果的产业化、挖掘黑龙江省科技人才并深化机制、激励高新技术人才创新创业等有关科技产业政策措施，让各类资源能够通过科技的运用得到更好的培育与发展，不断释放出潜力。黑龙江省科技产业政策很大程度上促进了黑龙江科技成果的转化，以及科技资源合理利用，推动了科技产业发展，相关政策在各市县取得了较大进展，各地市也出台了相关政策促进科技成果的实施。对黑龙江省近年出台的科技政策的解读，合理分析政策实施的效果，能够助力龙江科技产业发展。

5.1 黑龙江省科技产业发展相关政策

为加快科技产业发展速度、提高技术创新能力，简单梳理黑龙江省近年促进科技产业发展的相关条例。

5.1.1 国家政策

（1）《中共中央 国务院 关于加强技术创新，发展高科技，实现产业化的决定》（1999-08-20）

（2）《中共中央 国务院 关于实施科技规划纲要 增强自主创新能力的决定》（2006-01-26）

（3）《国家中长期科技人才发展规划（2010-2020年）》

（4）《关于深化科技体制改革加快国家创新体系建设的意见》（2012-09-23）

（5）《中共中央 国务院 关于深化体制机制改革 加快实施创新驱动发展战略的若干意见》（2015-03-23）

5.1.2 黑龙江省政策

（1）《黑龙江省促进中小企业发展条例》（2012-02-27）

（2）《黑龙江省技术市场管理条例》（2012-02-27）

（3）《黑龙江省科学技术普及条例》（2012-02-27）

（4）《黑龙江省促进科技成果转化条例》（2012-02-27）

（5）《黑龙江省人民政府关于进一步发挥高层次人才作用 促进科技成果转化落地的意见》（2012-05-22）

（6）《黑龙江省千户科技型企业三年行动计划（2015-2017年）》（2015-02-16）

（7）《关于大力促进高新技术成果产业化的意见》（2016-08-20）

（8）《黑龙江省人民政府关于强化实施创新驱动发展战略 进一步推进大众创业万众创新深入发展》（2017-10-26）

（9）《黑龙江省扶持科技企业孵化器和众创空间发展政策实施细则》（2017-11-11）

（10）《黑龙江省技术转移示范机构奖励实施细则》（2018-04-09）

（11）《黑龙江省技术交易补助、奖励实施细则》（2018-04-09）

（12）《黑龙江省技术创新中心建设管理暂行办法》（2018-06-15）

（13）《黑龙江省科技创新基地奖励实施细则》（2018-07-03）

（14）《黑龙江省自然科学基金管理办法》（2018-09-27）

（15）《黑龙江省级科技企业孵化器标准》（2019-03-11）

（16）《黑龙江省科技企业孵化器和众创空间备案服务办法》（2019-06-18）

（17）《黑龙江省国家科技重大专项和重点研发省级资助资金管理暂行办法》（2019-07-04）

（18）《黑龙江省技术先进型服务企业认定管理办法》（2019-08-06）

（19）《黑龙江省科技创新券管理办法（试行）》（2019-09-09）

（20）《黑龙江省科技重大专项管理暂行办法》（2020-06-09）

（21）《黑龙江省支持重大科技成果转化项目实施细则》（2020-08-11）

（22）《黑龙江省产业技术创新战略联盟建设管理办法》（2020-09-03）

（23）《黑龙江省重点研发计划管理暂行办法》（2021-04-02）

（24）《黑龙江省技术转移机构管理办法（试行）》（2021-04-09）

（25）《黑龙江省促进新型研发机构发展措施实施细则（试行）》（2021-05-13）

（26）《黑龙江省科技创新基地奖励实施细则》（修订稿）（2021-06-01）

（27）《科技类民办非企业单位性质、事业单位性质社会研发机构"十四五"期间享受支持科技创新进口税收政策的实施办法》（2021-09-13）

（28）《黑龙江省工程技术研究中心管理办法》（2021-11-04）

（29）《新时代龙江人才振兴60条》（2022-05-16）

（30）《黑龙江省科技类产业政策实施细则》（2022-05-30）

5.2 黑龙江省主要科技产业政策解读和效果分析

5.2.1 《黑龙江省千户科技型企业三年行动计划》

自2015年以来，黑龙江省为积极响应国家大力促进科技产业的发展目标，连续出台了三次"三年计划"，分别是《黑龙江省千户科技型企业三年行动计划（2015—2017年）》《黑龙江省新一轮科技型企业三年行动计划（2018—2020年）》《黑龙江省新一轮科技型企业三年行动计划（2021—2023年）》。措施的出台使黑龙江省科技产业得到迅速发展，陆续完成了"三年计划"中所规定的目标。

5.2.1.1 政策措施

聚焦科技型中小企业、高新技术企业、创新型领军企业数量增加和质量提升，构建多层次、分阶段、递进式的科技型企业成长体系，激发科技创新驱动内生动力，为黑龙江全面振兴全方位振兴提供强有力的科技支撑。新生成一批科技型中小企业，实现"从无到有"；培育一批科技型企业成长为高新技术企业，实现"从小到大"；壮大一批具有行业核心竞争力的创新型领军企业，实现"从大到强"。对科研成果进行筛选，通过科技金融行业的融合，借资本市场对科技产业进行合理运作，引进国内外高校科研成果与科技企业落户，并推动科技型企业上市；科技产业进入孵化培育期，在黑龙江省原有科技产业规模上进一步吸引科技型企业入驻，引导企业利用闲置资源创办建立大型孵化器。支持企业探索不同孵化模式，完善公共服务，加大对于黑龙江省孵化器体系建设的支持力度。鼓励科技人员创新创业，通过市场推广和投资吸引投融资企业，通过创新创业大赛来鼓励在校大学生参与创业；科技企业借助资本市场发展，对黑龙江省科技创业投融资基金进行风险预测、风险担保，保障基金高效运营；加快科技企业上市，完善社会投融资服务体系，加快发展社会服务机构，筛选出专业性与有发展潜力的资源进行优质培育。

5.2.1.2 政策执行力度

据统计，2015年至今黑龙江省不断培育科技产业，2015—2017年，全省累计新注册成立科技企业10440家，其中107家科技型企业主营业务收入超过2000万元，全省高新技术企业数量增加287家，从2014年642个增长到2017年的929家，增长45%，新增上市或挂牌科技型企业82家。2018—2020年，全省累计新成立科技型企业超过4万家，仅2000年就新成立科技型企业12000家左右，新增销售收入2000万元以上的科技型企业30家，通过科技型中小企业评价并取得入库编号企业1729家，全省新增高新技术企业1003家，总数已达1932家，"十三五"期间增长178.8%，每万家企业法人中高新技术企业数达到82家。（表5-1）新光光电成为东北三省区唯一一家首批在科创板上市的企业。《黑龙江省新一轮科技型企业三年行动计划（2021—2023年）》提出4项主要任务，包括大力培育科技型中小企业、加快培育高新技术企业、支持科技型企业上市、支持企业成为技术创新主体等，明确到2023年底，国家高新技术企业数量达到3900家，比2020年底全省国家高新技术企业数量增长一倍；新增达到上市（挂牌）标准的创新型领军企业10家。

表5-1　2015-2020年黑龙江省高新技术企业主要指标（单位家、亿元）

年份	高新技术企业数	营业收入	工业总产值	实际上缴税费	净利润	R&D经费
2015	693	1994.2	1685.3	104.6	60.9	66.6
2016	768	1937.1	1661.1	103.1	51.7	61.2
2017	929	2091.3	1788.0	100.3	72.4	59.6
2018	1150	2213.1	1892.4	119.2	86.6	51.0
2019	1250	2466.9	2027.5	97.2	106.6	55.0
2020	1932	3040.5	2504.9	103.2	99.5	71.0

数据来源：《黑龙江省科技统计手册》

5.2.2 《黑龙江省扶持科技企业孵化器和众创空间发展政策实施细则》

黑龙江省认真学习其他省市的先进策略，并贯彻落实省政府下发的关于创新创业以及孵化器建设的会议意见，省政府及各地市政府纷纷出台相关政策并大力投入资金兴建孵化器基地，并搭建科技企业孵化器平台。

5.2.2.1 政策措施

提升孵化器与众创空间功能,提供相应补助。黑龙江省出台了扶持政策,具体措施为采取服务绩效后补助与建设补助联众方式,前者将补助资金进行分层划分,针对孵化器企业的支出与成本的不同予以相对应的补助;后者是给予企业一次性援助,目的是完善孵化企业及众创空间的功能与模式,使其向更加专业化方向发展。

5.2.2.2 政策执行力度

据黑龙江省科技厅数据统计,黑龙江省科技企业孵化器数量从2015年的111个增长到2020年的200个,在孵企业数量达到了6919家(表5-2);国家备案众创空间当年服务的企业团队数从2016年的888家增长到2020年的1055家,当年服务的初创企业数从2016年的830家增长到2020年的1330家;国家火炬特色产业基地内企业数量从2015年的1181家增长到2020年的1376家(表5-3)。黑龙江省新增孵化器企业之中有在国内具有代表性的北京创业公社、运营具有高水平的腾讯众创空间与乐业众创空间。除此之外,黑龙江省也在积极开发其他科技领域产业,并拥有800多项科技储备项目。

表5-2 2015-2020年黑龙江省科技企业孵化器基本情况(单位:家、万平方米)

年份	孵化器数量	孵化器总面积	在孵企业数	当年毕业企业数
2015	111	239.5	2974	213
2016	130	246.2	3467	284
2017	158	251.2	4649	294
2018	178	258.4	5405	362
2019	183	271.3	6904	482
2020	200	271.2	6919	396

数据来源:《黑龙江省科技统计手册》

注:总面积包括:办公用房、在孵企业用房、公共服务用房、其他面积。

表5-3 2015-2020年黑龙江省国家火炬特色产业基地和备案众创空间情况(单位:家)

年份	国家火炬特色产业基地		国家备案众创空间		
	基地数量	基地内企业数	空间数量	服务企业团队数	服务初创企业数
2015	9	1181	—	—	—
2016	9	1217	24	888	830
2017	9	1351	28	1081	821
2018	10	1324	28	998	921
2019	10	1381	25	894	967
2020	10	1376	29	1055	1330

数据来源:《中国火炬统计年鉴》

根据公开资料，黑龙江省典型科技企业孵化器和创新基地如下：

黑龙江省工业技术研究院成立于2013年10月，2019年12月获批国家级科技企业孵化器，隶属于黑龙江省科技厅，按照"企业化管理、市场化运作"模式助推黑龙江省高校、科研院所科技成果高质量落地转化，承接国内外科技成果在黑龙省引进转化，开展重大科技成果转化项目投资和科技成果"二次开发"，打造高质量成果转化平台，加快先进技术的转化应用和科技成果的产业化。

深圳（哈尔滨）产业园区成立于2019年，重点从体制机制创新、营商环境优化、科技成果转化、多层次人才引进、产业集群发展、现代金融服务、智慧园区建设和市场运营服务等多个方面推进深哈两地深度合作，搭建了"哈尔滨高等院校和科研院所+深哈产业园+深圳科技企业与深圳资本"为核心的"1+1+1"产学研深度融合合作机制。结合黑龙江资源禀赋和科教资源优势，以及深圳的产业外溢需求，深哈产业园确定了新一代信息技术、新材料、智能制造及现代服务业的"3+1"产业定位，华为、东软、惠达科技、库柏特机器人、思灵机器人等多家数字经济领域头部企业已落户园区，形成了数字经济产业生态区。

2022年黑龙江工研龙创创新基地和哈尔滨创新谷创新基地入选首批"科创中国"创新基地。"科创中国"黑龙江工研龙创创新基地属于国际创新合作类创新基地，聚集国际高端创新创业资源要素，2019年已获批中国科协"海智基地"。以建设海外人才库、高新区企业信息库、企业需求数据库和科技成果转化信息平台"三库一平台"为重点，建立与世界接轨的柔性人才引进机制，促进国内外科技成果在黑龙江省转化；"科创中国"哈尔滨创新谷创新基地属于创新创业孵化类型创新基地，依托哈尔滨创新谷投资管理有限公司建设，是北京中关村科技成果外溢在黑龙江省打造的双创孵化载体。以融合产业界、学术界、创投届等创新要素，促进各领域优秀人才孵化优质科创企业，通过股权融资、政府投入、跟进服务等手段，促进创业项目对接落地。

5.2.3 《"龙江科技英才"特殊支持计划实施办法》

黑龙江省逐渐注重科技人才的引进，"实施办法"目的是争取在短时间内弥补科技创新人才短板，注重科技成果创新、科技人员的引进，引进科技型人才也成为科技产业发展中的要点，同时开始针对本地高校学生搭建科技创业平台，使本地大学生能够关注科技创业。

5.2.3.1 政策措施

黑龙江省于 2017 年启动"龙江科技英才"特殊支持计划,该奖项两年评选一次,每次评选 60 人,给予科技创新人才或创新创业团队奖励金 50 万元。对于做出突出贡献的高科技人才给予支持,重视创新能力,强化柔性引才,对人才引进不设任何限制,维护支持科技人员核心技术与知识产权,对未来科技人才与科技团队的引进具有重大意义。据统计,黑龙江省自 2015 年来共新颁布了 130 多项有关科技人才引进、激励创新创业、鼓励科技从业者重视科研项目的政策性规定。

5.2.3.2 政策执行力度

"十三五"期间,黑龙江省启动实施"龙江科技英才"特殊支持计划,共评选"龙江科技英才" 58 名。"十三五"期间,黑龙江省累计新增中国科学院院士和中国工程院院士 7 人,36 人入选国家科技部创新人才推进计划暨国家高层次人才特殊支持计划,国家杰出青年、优秀青年等共计 150 人,获得国家科学技术奖 64 项;国际科技合作基地共承担合作项目 85 个,引进境外人才 277 人,使黑龙江省学习到不同国家科技产业经验;实施《黑龙江省"头雁"行动方案》,支持经费 6.38 亿元,遴选 92 支"头雁"团队,集聚高层次人才 873 人,涵盖国家级创新项目 162 个。黑龙江省在科技产业领域为更多从业人员、大学生创业者保驾护航,不断引入国内外人才,2020 年底黑龙江省 R&D 人员达到 66500 人,R&D 人员全时当量为 44205 人/年,其中高技术产业 R&D 人员 4526 人,高技术产业 R&D 人员全时当量为 3411 人/年。这一政策的实施极大地促进黑龙江省科技从业人员重视创新创业,深入科学技术研究,更好地激励人才、培养人才,也为黑龙江省科技人才搭建了一个重要的成长平台。

5.2.4 《黑龙江省支持重大科技成果转化项目实施细则》

5.2.4.1 政策措施

科技研究最重要的一个环节就是将科技成果转化。对于具有核心竞争力的科技成果、对提高黑龙江省经济效益具有重大意义的项目应给予重点支持与培育,《实施细则》具体支持信息技术行业、资源环保型行业、新能源行业等新兴产业项目,并且在相同条件下对具有成熟条件与竞争力的项目给予优先支持。在资金支持方面给予 500 万~1000 万元资金不等,具体条件遵循项目的特殊性。

5.2.4.2 政策执行力度

优质企业与优质科研成果对接，黑龙江省科技成果转化中心在今年举办的科技成果精准对接活动上提出要实现优质企业与优秀成果的精准对接，使双方科技优势能够相互借鉴学习，并弥补各方不足之处。黑龙江省科技成果转化中心赴深圳市、浙江省进行实地调研，并将各省市的成功经验相对转化应用在黑龙江省科技产业发展战略上。促成"互联网平台+技术成果转化"，黑龙江省科技成果转化中心在与"科淘网"的签约仪式上，借助"科淘网"这一平台来实现科技成果的转化，这也是黑龙江省首个集科技信息的征集、梳理与发布到科技成果的相互对接，最终实现科技成果转化为正式产业"三位一体"的综合性科技成果转化体系，并在接下来的实践中开始进行规模性的科技成果转化服务；推动农业技术成果转化，黑龙江省作为粮食产量大省，在科学技术研究投入上加大了力度，实施新型科技耕作模式，引进企业投资带动科技型农业发展，开展现代农业科技产业园项目展。据黑龙江省科技厅数据显示，2015年在农垦地区实施的"水稻双增一百"科技项目与"玉米双增二百"项目，实施面积与平均每亩产量都同比提高，科技项目实验成绩十分显著，为黑龙江省农业科技成果的转化提供了有力的技术支撑。

5.3 黑龙江省科技产业政策的主要措施

5.3.1 支持创新创业，推动科技企业上市

黑龙江省出台的科技产业政策使科技从业人员重视科研项目与创新创业，实施三年计划以来，举办了多项创新创业大赛与科技资源共享活动，目的在于激励从业者参与创业大军，据统计，已经有超过3000个创业团队参与到创业大赛中，其中黑龙江省拓盟科技有限公司等一批新型创业企业在大赛中成为创新典型，使得黑龙江省的科技创业呈现浓厚的科技氛围，创新创业成绩斐然。通过实施三年行动计划，截止2017年，12家"新三板"挂牌科技企业在3年时间内超额完成计划规定的任务。

5.3.2 科技与金融相融合，吸引科技产业投资

黑龙江省科技企业近年来与金融企业相互对接，实现科技产业的投融资活动，促进高校、企业、投资机构、孵化器和各地高新区的合作，助力龙江科技成

果与资本市场深度合作，加快科技成果、现代金融、产业项目有机结合。根据黑龙江省科技厅信息，自2015年以来，黑龙江省与近400家科技产业项目签约。为吸引省外科技企业来黑龙江省投资，黑龙江省政府与省金融办在2015—2018年连续举办了四届高新技术产业创业投资大会，前三届有26家高新技术企业与投资机构签约26项、5.2亿元，黑龙江省科技创业投资政府引导基金签约创业投资子基金18家、总规模53亿元；第四届对34家创投机构、15家融资企业（项目）、20个科技成果进行了推介。2020年举办了黑龙江省科技成果产学研金对接会，分析龙江科技实力和潜力，探讨科技成果转化路径，并成立了黑龙江省科技成果转化产业技术创新战略联盟。2022年举办了黑龙江省科技成果转化招商大会（哈尔滨专场），围绕数字经济、生物经济、新材料、新能源等重点领域签订了一批代表性科技成果转化招商合作项目，总签约额59.15亿元。黑龙江省积极搭建投融资平台，截至2021年底黑龙江省备案创业投资企业46家，资产规模82.81亿元。

5.3.3　建立国家大学科技园，完善高校科技创业服务

黑龙江省积极响应国家对于科技产业发展战略的号召，在全省重点高校内部建立科技园，目前黑龙江省已经建立的国家级大学科技园有哈尔滨工业大学、哈尔滨工程大学、哈尔滨理工大学、东北石油大学。其中哈尔滨工业大学国家科技园范围涉及农业、水电、资源环保、生物科学、生物制药、信息产业等，还将继续向外扩展其领域。现今哈尔滨工业大学科技园有89家科技企业，并还将陆续向内引入，将所研究的成果进行产业化。黑龙江省对于高校科技园成立科技企业采取技术入股的方式予以支持，并运用当今市场的机制来激励科研人员，高校的国家级科技园已经逐渐成为集转化、孵化、培育与发展为一体的重要战略基地。

黑龙江省各大高校近年来为科技成果的研发与转化做出了多项举措。以哈尔滨工业大学为例，哈工大采取成立创立投资企业的措施，并与91家金融投资企业开展合作，管理运营基金2.5亿元，其中的33家企业与意向投资基金达成投资12.41亿元，并为在孵科技型企业提供资金支持。黑龙江省高校也整合"校友资源"企业，建立了"科技成果＋校友资源"相整合的模式，激励培养黑龙江人才，使高校科技人员优秀的科研成果能够成功对接校友企业的优质资源。

5.3.4　加大特色产业联盟培育力度，发展新兴产业

黑龙江省为推进科技创新体系建设，有利整合了省内特色产业资源。据黑龙

江省科技厅统计，黑龙江省组建了金属新材料产业、北药产业、哈船众创服务、虚拟现实产业、石墨烯产业、智能制造产业、轻量化制造产业技术创新战略联盟。全省累计有5个国家级联盟，58个产业技术创新联盟，初步创新技术联盟达到了1888家。通过各大高校整合优质的科研成果，加快科研成果转移等手段，汇聚全省优秀的科研力量进行科技产业的战略研究。

5.3.5 推进科技研发推广，促进技术转移

黑龙江省要建设国家级与省级技术转移示范机构，提出在2020年前建立20家国家级机构、40家省级示范机构；在2025年前初步建成能够运营的技术转移服务体系。黑龙江省相关规定的出台是对科技政策、法律的概括与补充，并在基础上提出相关措施，将规定的实施能够保证具体落实，政府加大科技研究开发、创新发展、高效运营的源头供给，鼓励科技从业人员、高校、创新创业团队能够转化技术成果。

科技研发一直是科技产业发展的基础动力，推进科技研发的推广也是经济发展的重中之重。以黑龙江省伊春市为例，伊春市作为"天然大氧吧"，以生态资源产业为主能将许多自然资源通过科技的手段形成具有竞争力的产业。伊春市因此成立了集科技研发与成果转化、技术服务与技术培训、知识产权为一体的科研发推广中心，累计进入科技研发推广中心的人次超过500万，该中心向农户与来此旅游的访客宣传科技研究成果，并针对农户提出的疑难问题给予生产技术上的专业解答。

5.3.6 大力发展科技服务行业

科技服务业主要是将科技知识与科技技术运用在新兴的科技产业，包括科技知识产权、科技企业孵化、科技咨询、科技培训、技术评估等系列技术服务活动。自黑龙江省推出"三年计划"，科技服务行业发展态势迅猛，科技技术孵化产业不断入驻，与之带来的相关咨询行业、知识产权行业、评估鉴证行业在黑龙江省也获得了较快发展。

5.4 黑龙江省科技产业政策制定实施的不足

5.4.1 顶层设计还不够完善

国家制定了很多支持金融科技产业融合发展的政策，但是分散于各个政府部

门，且不少政策一年一变，缺乏顶层设计和规划，缺少针对性和系统性。在黑龙江省的政策设计上，明显对于基层的改革发展措施偏多，真正对于科技金融融合发展角度还没有出台相关具体政策，并且具体政策的执行度不强，主要集中在黑龙江省几座重点城市，而在乡镇、农村则没有很好地实施、落实。各部门协同联动有待加强，长期以来所形成的管理模式僵化、机构膨胀、效率低下等问题尚未解决。

5.4.2 政策多元化程度不够

从整体上看，黑龙江省科技政策支持体系基本延续原有的框架，主要侧重于人才引进发展，近年来黑龙江省开始注重大学生创新创业体系建设，虽然出台了很多相关政策，但对于黑龙江省政策的多元化还是显得尤为单薄，在科技产业增加银行信贷、政府扶持基金、风险担保基金等方面，在推动银行对于科技的支持、提高知识产权质押担保等方面也缺少多元化政策。

5.4.3 政策效应评估机制缺失

黑龙江省出台了一系列科技产业融合发展、科技产业转型升级、人才引进及培育等政策，但却未建立政策效应评估机制，未能及时对政策效应进行跟踪反馈，矫正政策不足，制约了政策的适时调整和有效落实。

5.4.4 科技应用在产业结构上不平衡

黑龙江省高新技术分布主要集中在第三产业，其次为第二产业，最低占比为第一产业。黑龙江省作为粮食产量大省，科技在第一产业的运用相对薄弱，企业技术力量不足，农业科技企业较少。农业科技产业经营企业担负着开拓农业市场、带动农户发展的任务，能够促进黑龙江省农业产业化的规模和效益。公益性科技企业投入缺口大，随着科研投入的不断增加，但同年的农业支出也在不断地增加，许多公益性农业科研院开始经营农药、种子销售，以此来弥补其农业科研上经费的缺口、人员的工资，农业科研经费的短缺也使得农业技术设施老化陈旧，科研单位也无心投入科研项目，很难达到先进水平的研究。黑龙江省农业科技方面投入力度相较其他产业还有所欠缺，不利于现代产业化经营的发展。

黑龙江省科技产业政策出现的困难问题有很多，通过SWOT分析（表5-4），了解到影响科技产业发展的因素主要原因是科技含量不足，急需提升质量打品牌；其次是科技人才相对匮乏，急需科技专家指导；生产结构难调整，急需政府出台新政。虽然在科技的运用上呈现较为明显的优势，但相比其他地区，还是缺乏超前的研发与布局。

表5-4　SWOT分析科技产业发展的影响因素

内部优势（Strengths）	内部劣势（Weakness）
S1:具有研发能力 S2:能将科技成果转化 S3:具有筹集资金、吸引资本的能力	W1:核心技术和工艺难以掌握 W2:企业人才匮乏，科技支撑能力不足 W3:产品竞争优势弱
外部机会（Opportunities）	外部威胁（Threats）
O1:国家政策支持给科技产业带来机会 O2:技术的不断进步 O3:城镇化建设不断加快，带动科技产业兴起	T1:引进和消化吸收经费不匹配 T2:市场培育不健全 T3:技术使用率低 T4:科技信息不畅

从政府角度来看，黑龙江省对于科技产业的坚定力度还远远不够，虽然政府出台科技产业创新政策支持，但聚焦科技产业发展的瓶颈和需求上还存在疏漏，同时虽然对于科技产业的引进与推广上面有采取一定措施，但在科技产业市场培育、产业激励方面还是缺乏一定的政策支持。

从科技角度来看，我国的科技产业主要还是以向发达国家借鉴经验、学习国外优秀成功经验为主，我国在科技产业上引进与吸收的经费为3∶1，这也导致我国在科技产业创新领域上还有所欠缺，难以掌握擅长的科学技术与工艺，目前我国科技产业十分缺乏具备竞争力的核心工艺。

5.5　推动科技产业发展的政策改革思路

纵观国外以及国内其他地区科技产业政策，科技产业结构循序渐进发展，产业政策在其中具有关键作用。黑龙江省科技产业发展时间较短，相比其他国家其他地区，黑龙江省经验相对薄弱，需要在政策的设计与实施上向其他地区借鉴经验，综合发达省市产业转型经验与相关政策，同时也需要科技企业的参与和努力。政府在对于科技产业发展上要采取坚定不移的态度，在发展科技产业方面，相较发达国家，我国实施力度不够，发达国家的工业化比我国早一百多年，我国若需要在很短时间内达到高水平则需要花费很高的投入与精力。

科技产业正在不断转换其发展方式，国家法律法规对于各省市的科技产业也在不断实施振兴策略，科技产业若想实现真正的新旧交替，提高科技产业质量，建立完善的科技产业体系，就应该从改革发展的重难点——省市、县乡的基础科技发展做起。掌握基层科技企业和群众对科技的需求。可以深入开展走访调查，向基层群众询问科技产业的实施力度以及出现的问题，并能够保证政府采取针对性措施，保证提供科技服务的实效性，从基层科技产业抓起。政府及时跟踪反馈政策实施的进度，并针对政策实施过程中的问题及时给予反馈建议，创造市场化氛围，使优质科研成果有良好的转化环境，更好地促成政策的落实。

运用企业力量，推动成果产业化。推动科研院所和企业达成战略合作，鼓励科技人员去企业兼职任职、相互合作，以科研成果提升合作企业的产品质量，并逐渐由省内推向省外，将黑龙江省具有的学科及资源优势应尽可能地发挥出来。中共中央十九大指出，积极贯彻十九大提出的推动科技创新与经济深度相融合的方针，发挥优秀项目成果助力科技创新。为科技型企业的入驻搭建人才交流、项目开发平台，通过科技企业的力量推动科技产业发展。出台政策措施，吸引科技人才，推动科技体制改革，对高校、科研机构科技人才给予政策与资金支持，进一步聚焦高校科研成果，出台科研成果转化激励的政策体系。

第6章 黑龙江省科技产业发展水平评价体系构建

6.1 科技产业发展水平影响因素分析

对影响科技产业发展水平主要影响因素进行梳理，思考科技产业发展战略。首先对影响科技产业发展水平的因素进行梳理。在此过程中，可以充分地了解促进科技产业发展的主要影响因素，从而从获得的主要影响因素入手，构建科技产业发展水平评价指标体系。

6.1.1 经济发展水平

经济发展水平是指国民经济发展的速度、规模以及所达到的水准。科技产业发展水平与经济发展水平息息相关。当经济发展水平较高时可以为科技产业提供更多的资金支持，促进科技产业发展。反之，当科技产业水平发展到一定程度时，又会反作用于经济发展，以推动国民经济的进步。经济发展经历第一产业→第二产业→第三产业，目前我国第二产业的比重较高，但第三产业比重也正逐渐提高，立足于超越第二产业，这就需要科技产业发展过程中得到更多的资金支持，获取更多的市场需求。科技产业发展只有在投资和需求的双重影响因素的作用下才会更好，国民经济发展水平将会得到提高。

6.1.2 行业经济效益

行业经济效益水平直接影响该行业的发展情况。经济效益越好，进入该行业的企业越多，竞争性越强，反之，经济效益不好，进入该行业的企业减少，竞争性越弱。在发展过程中科技产业在为自身创造价值的同时，也为其他行业创造价值，与其他行业共同发展，相辅相成，可以为整个社会带来经济效益，以促进国民经济发展。

6.1.3 技术产业化水平

技术的产业化是指科研创新成果转化生产力的过程，使其成果市场化、商品化，也是科研创新成果转化为商品生产的过程。通过这一转化过程促使技术创新成果在经济发展的各个领域被广泛应用，从而形成规模经济下的商品。科技产业的发展水平如何，不仅在于科研技术成果的多少，更重要的是科研技术成果转化生产力所生产产品投入市场，形成产业，更好地促进科技产业的发展。

6.1.4 社会基础设施

基础设施是指政府为居民生活和社会生产提供的物质保障，保证社会秩序的正常运行。社会基础设施包括环境保护、供水供电、交通等，这些都是国民经济中各个行业发展的前提，科技产业的发展也离不开社会基础设施的支撑，大多科技企业都位于交通便利、通信发达等地区，通过便捷的交通、先进的设施、发达的通信等条件有利于促进科技产业的发展，使科技产业同行业之间便于沟通、交流，快速准确地得到市场信息和科技信息，更好更快地实现产业升级，降低成本，提高投入产出率。

6.1.5 政府扶持力度

随着经济的快速发展，科技产业越来越成为提高经济发展的重要产业，也是获取经济效益的主要来源，但其发展前景仍离不开政府的扶持，政府作为最大的科技产业投资者，通过拓宽融资渠道，加大财政支持力度，可以减轻科技产业资金短缺的现象，促进科技产业的发展。相应的政府也可出台有利于科技产业的相关政策，以保障和激励科技产业发展。目前世界上发达国家都很重视科技产业的发展，相关政策不断更新，相对健全。与其相比，我国的科技产业政策较少，扶持力度不够，可以通过借鉴和吸收其他国家先进经验结合自身的实际情况，制定切实可行的有利于我国科技产业发展的方针政策。

6.2 科技产业评价指标体系的建立

6.2.1 评价指标的构建原则

对黑龙江省科技产业的战略发展环境评价是一个复杂繁琐的过程，应该考虑多方面影响因素。一方面指标体系的构建应该由评价科技产业的各项关键指标构成,且指标之间应该相互联系,形成一个相互作用的指标体系;另一方面,指标体系的建立需要考虑科学性,要求体系的建立要具有前瞻性。具体而言,指标体系不仅需要反映黑龙江省科技产业的特点,还需要从全国的角度出发,从宏观上把握科技产业的高质量发展。具体来说,科技产业评价指标体系的建立需要考虑以下几个方面的原则:

(1)科学性原则。

科学性是评价黑龙江省税收营商环境的首要考虑因素,主要体现在研究方法选用的科学性以及理论与实际的结合方面的科学性。以保证评价指标的选用既可以符合理论要求,又具有实际可操作性。

对黑龙江省科技产业的评价需以客观标准为前提,尽可能避免某些评价指标的解读存在歧义的情况。此外,在评价指标的选取方面,需坚持以代表客观事物实际状况的客观评价指标为主体,辅以主观评价指标。

(2)可行性原则。

可行性原则是指在指标的选取上必须是可以被量化且这些指标是便于获取的。对于科技产业的评价指标的选取,可行性原则主要体现在评价指标都是对评价目标的量化评估,且这些指标所对应的数据是非常容易量化且易获取、便于观察和测量的,对于一些不容易测量的指标需要寻找近似意义的指标进行替换。基于此需要将一级指标逐步细化成二级、三级指标,对评价指标逐渐细化的过程就是将评价指标量化的过程。只有这样,对黑龙江省科技产业的评价才能保证可行性。

(3)最简化原则。

评价指标体系的最简化原则是指为了防止出现评价指标体系过于冗杂的情况,在设计指标体系时通过最少的指标较为全面地反映评价主体。由于对于科技产业的评价易于出现多次重复评价的问题,所以在确定指标时需明确各个指标的内涵,在将同类指标合并的基础上,兼顾多方面的指标。

(4)相关性原则。

相关性原则是指评价指标的选取必须要与科技产业发展的实际情况相符合,注重考虑评价指标与科技产业发展的相互关联,剔除与科技产业发展无关的指标选择。对于科技产业评价指标的选取要与促进科技产业发展的因素息息相关,反映科技产业发展的本质要求。此外,每一个指标的选择需与上级指标相辅相成,作为上一个指标的延伸。对于整体指标体系而言，每个层级都是对上一层级的具体化，层级之间互相关联。

（5）综合性原则。

分析黑龙江省科技产业的发展战略时，需要综合考虑多方面因素，从宏观大层面评价黑龙江省科技产业的发展。从总体来说，对科技产业的评价需要反映出发展水平和发展能力，因此评价指标的选取需要兼顾黑龙江省科技产业发展的影响因素与发展能力和水平。

（6）可比较性。

可比较性就是对于科技产业发展指标的选取可以在不同时期进行比较，也可以同一时期内对不同对象进行比较，即具有横向可比性与纵向可比性。

横向可比性是指在找到不同调查对象的共同特征之后，在此基础上设计出反映共同点的评价指标体系。具体操作中可通过调整权重的方式，对各个研究对象的发展状况进行综合评价。纵向比较是指在设计指标体系时需要保证同一个研究对象在某一个时期内可以与其他时期进行比较。这要求评价指标的概念内涵以及计算标准保持不变。

6.2.2 黑龙江省科技产业评价指标的确立

通过分析科技产业的相关理论，并结合我国自身的实际情况，采用层次划分法对评价指标体系的影响因素进行合理划分，构建科技产业发展水平评价指标体系。从科技产业规模、科技产业投入、科技产业产出、科技产业发展环境四个方面构建一级评价指标，设计18个二级评价指标，以此全面分析科技产业的发展水平，同时使数据具有可操作性。

科技产业规模作为评价指标中的一个总量指标，可以体现出该行业的经济状况。在分析一个行业的发展情况时，首先就要看该行业的规模程度，发展规模越大，表明该行业的发展情况越好，间接地奠定了该行业在总体的行业地位；科技产业的投入程度反映出对该行业的支持力度，是促进科技产业发展的重要指标之一；经济效益的发展水平直接反映该行业的发展情况，科技产业产出指标是评价该行业发展的最重要指标，通过科技产业的产出情况可以看出一个地区该行业的经济效益情况；科技产业的发展环境对一个地区的科技发展有推动作用，包括对外开放程度、信息化水平、城市化水平及交通发达程度等。科技产业发展水平评价指标体系如表6-1所示：

表6-1 科技产业发展水平评价指标体系

一级指标	二级指标
科技产业规模	科技产业从业人数（人）B_1
	科技产业机构数（个）B_2
	新产品开发项目数（项）B_3
	研究与试验发展人员数（人）B_4
科技产业投入	政府科学技术财政支出（万元）B_5
	科技产业在岗职工平均工资（元）B_6
	科技产业固定资产投资（万元）B_7
	研究与试验发展经费内部支出（万元）B_8
	研究与试验发展经费外部支出（万元）B_9
科技产业产出	全年技术市场成交额（万元）B_{10}
	专利申请受理数（件）B_{11}
	专利申请授权数（件）B_{12}
	高技术产业生产经营主营业务收入（万元）B_{13}
	高技术产业生产经营利润总额（万元）B_{14}
科技产业发展环境	人均GDP（元）B_{15}
	移动互联网用户数（万人）B_{16}
	城市人口占总人口比重（%）B_{17}
	每万人拥有公共汽电车辆（辆）B_{18}
	电话普及率（%）B_{19}

6.3 评价过程和结果

采用因子分析法对我国科技产业的发展情况进行综合性分析，选取我国31个省市的文本数据进行分析。在实际统计数据过程中，为了确保使数据的范围、口径等条件保持一致，采用《中国统计年鉴2020》及《中国科技统计年鉴2020》。

6.3.1 样本数据效度检验

运用相关系数矩阵、KMO检验和巴特利特球度（Bartlett）检验方法进行分析，考察原有变量之间是否具有线性关系。如表6-2、表6-3所示：

表6-2 原有变量的相关系数矩阵（部分）

	B_1	B_2	B_3	B_4	B_5	B_6	B_7
B_1	1	0.949	0.962	0.988	0.977	0.892	0.93
B_2	0.949	1	0.842	0.968	0.975	0.884	0.924
B_3	0.962	0.842	1	0.934	0.912	0.839	0.874
B_4	0.988	0.968	0.934	1	0.994	0.933	0.962
B_5	0.977	0.975	0.912	0.994	1	0.942	0.973
B_6	0.892	0.884	0.839	0.933	0.942	1	0.987
B_7	0.93	0.924	0.874	0.962	0.973	0.987	1

表6-3 KMO和Bartlett检验

取样足够度的Kaiser-Meyer-Olkin（KMO）度量		0.815
Bartlett的球形度检验	近似卡方	1268.447
	df	171
	Sig.	.000

一方面，如表6-2所示，原有相关系数矩阵中的相关系数都较高，各变量之间呈较强的线性关系，能够从中提取因子。另一方面，KMO值越大，因子分析的相关性越强且效果越好，如表6-3所示：KMO值为0.815>0.5，达到显著性水平。另外，巴特利特球度（Bartlett）检验的数据分析中，显著性水平值为0.00<0.05。根据相关系数矩阵、KMO度量标准和巴特利特球度（Bartlett）检验分析，本文样本数据适合进行因子分析。

6.3.2 提取因子

采用SPSS软件，通过对原有变量进行分析，使旋转方差最大化，得到各个因子的特征值、方差贡献率及累计贡献率。如表6-4所示：

表6-4 提取因子的初步结果（部分）

主因子	初始特征值			旋转平方和载入		
	合计	方差的%	累积%	合计	方差的%	累积%
1	12.154	63.970	63.970	8.270	43.525	43.525
2	3.059	18.468	82.438	6.041	31.794	75.319
3	1.304	6.861	89.299	2.656	13.980	89.299

表6-4中，第一列是因子编号，以后的三列组成一组，每组中数据项的含义依次是特征值、方差贡献率、累计方差贡献率。采用方差最大法将正交旋转运用

到因子载荷矩阵中，以便了解每个因子的内在意义，如表6-5所示。

表6-5　旋转后的因子载荷矩阵

评价指标	主因子		
	a_1	a_2	a_3
新产品开发项目数（项）B_3	0.963	0.148	0.017
专利申请授权数（件）B_{12}	0.955	0.26	0.104
专利申请受理数（件）B_{11}	0.951	0.259	0.136
高技术产业生产经营利润总额（万元）B_{14}	0.947	0.232	0.074
高技术产业生产经营主营业务收入（万元）B_{13}	0.935	0.204	0.028
科技产业从业人数（人）B_1	0.917	0.299	0.218
移动互联网用户数（万人）B_{16}	0.872	-0.085	0.308
研究与试验发展经费内部支出（万元）B_8	0.801	0.481	0.314
研究与试验发展经费外部支出（万元）B_9	0.74	0.568	0.263
科技产业固定资产投资（万元）B_7	0.74	0.527	0.355
科技产业在岗职工平均工资（元）B_6	0.221	0.895	-0.021
人均GDP（元）B_{15}	0.313	0.876	0.123
电话普及率（%）B_{19}	0.223	0.874	0.147
政府科学技术财政支出（万元）B_5	0.179	0.803	0.522
城市人口占总人口比重（%）B_{17}	0.236	0.793	0.048
研究与试验发展人员数（人）B_4	0.038	0.724	0.643
全年技术市场成交额（万元）B_{10}	0.229	0.721	0.598
科技产业机构数（个）B_2	0.22	0.46	0.759
每万人拥有公共汽电车辆（辆）B_{18}	0.175	-0.014	0.724

由表6-5可以看出：旋转后第一个主因子与其余两个主因子相比，方差贡献率最大，其作用远高于其余两个主因子。其中B_{11}、B_{12}、B_{13}、B_{14}载荷系数较大，反映的是科技产业产出。可以把第一个主因子作为科技产业的产出因子。

第二个主因子虽比不上第一个主因子的方差贡献率，但其作用仅低于第一主因子。B_6、B_{15}、B_{17}载荷系数较大，反映的是科技产业发展环境。可以把第二个主因子作为科技产业的发展环境因子。

第三个主因子与其余两个主因子相比，其作用远低于其余两个主因子。其中B_2、B_4反映的是科技产业规模，B_5反映的是科技产业的投入，B_{10}反映的是科技产业的产出。可以把第三个主因子作为科技产业的总体规模因子。

6.3.3 发展水平因子得分

根据因子分析输出的结果，得到因子得分系数矩阵，如表 6-6 所示。

表 6-6 因子得分系数矩阵

评价指标	主因子		
	b_1	b_2	b_3
科技产业从业人数（人）D_1	0.121	-0.031	0.014
科技产业法人单位数量（个）D_2	-0.047	-0.05	0.372
新产品开发项目数（项）D_3	0.154	-0.036	-0.084
研究与试验发展人员数（人）D_4	-0.093	0.074	0.247
政府科学技术财政支出（万元）D_5	-0.067	0.115	0.141
科技产业在岗职工平均工资（元）D_6	-0.033	0.266	-0.235
科技产业固定资产投资（万元）D_7	0.064	0.023	0.061
研究与试验发展经费内部支出（万元）D_8	0.08	0.013	0.041
研究与试验发展经费外部支出（万元）D_9	0.066	0.057	-0.008
全年技术市场成交额（万元）D_{10}	-0.057	0.068	0.206
专利申请受理数（件）D_{11}	0.136	-0.027	-0.032
专利申请授权数（件）D_{12}	0.138	-0.02	-0.054
高技术产业生产经营主营业务收入（万元）D_{13}	0.144	-0.018	-0.089
高技术产业生产经营利润总额（万元）D_{14}	0.141	-0.021	-0.066
人均GDP（元）D_{15}	-0.024	0.22	-0.143
互联网普及率（％）D_{16}	0.139	-0.168	0.164
城市人口占总人口比重（％）D_{17}	-0.026	0.217	-0.167
每万人拥有公共交通车辆（辆）D_{18}	-0.015	-0.186	0.461
电话普及率（包括移动电话）（部/百人）D_{19}	-0.041	0.221	-0.121

根据以下矩阵计算出每个因子的得分情况。

$$F = \begin{Bmatrix} B_1 a_1 & B_1 a_2 & B_1 a_3 \\ & M & \\ B_{19} a_1 & B_{19} a_2 & B_{19} a_3 \end{Bmatrix} \times \begin{Bmatrix} D_1 b_1 & D_1 b_2 & D_1 b_3 \\ & M & \\ D_{19} b_1 & D_{19} b_2 & D_{19} b_3 \end{Bmatrix}$$

将公式简化为 $F_i = a_i b_i \sum_{i=1}^{19} M_i N_i$，计算每个因子的得分，如表 6-7 所示：

表6-7 科技产业发展水平因子得分矩阵

地区	FAC1	FAC2	FAC3
北京（O1）	-0.89966	3.39181	3.40527
天津（O2）	-0.46803	1.41109	-1.65567
河北（O3）	0.02844	-0.71607	0.3527
山西（O4）	-0.45038	-0.56302	0.12675
内蒙古（O5）	-0.56902	-0.10686	-0.47885
辽宁（O6）	-0.23579	0.02984	-0.40613
吉林（O7）	-0.51433	-0.25451	-0.2547
黑龙江（O8）	-0.51125	-0.67117	0.57304
上海（O9）	-0.23814	2.98805	-1.53472
江苏（O10）	2.2502	0.29929	0.28099
浙江（O11）	1.49859	0.58895	-0.43334
安徽（O12）	0.16072	-0.688	0.31977
福建（O13）	0.12117	0.22412	-0.28211
江西（O14）	-0.02936	-0.42653	-0.48693
山东（O15）	0.73656	-0.73539	1.44545
河南（O16）	0.3316	-0.90313	0.47052
湖北（O17）	0.04156	0.06384	-0.12121
湖南（O18）	0.07158	-1.10141	1.31309
广东（O19）	4.10631	0.34679	-0.31459
广西（O20）	-0.31195	-0.5933	-0.20742
海南（O21）	-0.65772	-0.13876	-0.54575
重庆（O22）	-0.21846	0.60023	-1.43463
四川（O23）	-0.0036	-0.02607	1.02548
贵州（O24）	-0.38208	-0.53128	-0.23176
云南（O25）	-0.37399	-0.7194	0.32581
西藏（O26）	-0.61253	-0.09162	-1.51229
陕西（O27）	-0.39878	-0.02927	0.94359
甘肃（O28）	-0.5449	-0.69923	0.31981
青海（O29）	-0.67856	-0.27775	-0.42493
宁夏（O30）	-0.63344	-0.17711	-0.68106
新疆（O31）	-0.61477	-0.49414	0.10381

注：因数据获取原因，本表罗列我国省、自治区、直辖市的数据中，未包含香港、澳门特别行政区、台湾地区相关数据。

6.3.4 各地区科技产业发展水平综合排名

根据表6-7所示，本文已经得到FAC1、FAC2、FAC3（主因子）的方差贡献率，分别为 0.43525、0.31794、0.13980，累计贡献率为 0.89299。计算出各地区科技产业发展水平的综合得分情况。

FAC=(0.43525×FAC1+0.31794×FAC2+0.13980×FAC3)/0.89299

根据此公式，计算出我国各地区科技产业发展水平的综合得分，如表6-8所示：

表6-8 各地区科技产业发展水平综合得分

地区	FAC1	FAC2	FAC3	FAC	排名
广东	4.10631	0.34679	-0.31459	2.08	1
北京	-0.89966	3.39181	3.40527	1.3	2
江苏	2.2502	0.29929	0.28099	1.25	3
浙江	1.49859	0.58895	-0.43334	0.87	4
上海	-0.23814	2.98805	-1.53472	0.71	5
山东	0.73656	-0.73539	1.44545	0.32	6
四川	-0.0036	-0.02607	1.02548	0.15	7
福建	0.12117	0.22412	-0.28211	0.09	8
天津	-0.46803	1.41109	-1.65567	0.02	9
湖北	0.04156	0.06384	-0.12121	0.02	10
陕西	-0.39878	-0.02927	0.94359	-0.06	11
河南	0.3316	-0.90313	0.47052	-0.09	12
安徽	0.16072	-0.688	0.31977	-0.12	13
重庆	-0.21846	0.60023	-1.43463	-0.12	14
湖南	0.07158	-1.10141	1.31309	-0.15	15
辽宁	-0.23579	0.02984	-0.40613	-0.17	16
河北	0.02844	-0.71607	0.3527	-0.19	17
江西	-0.02936	-0.42653	-0.48693	-0.24	18
吉林	-0.51433	-0.25451	-0.2547	-0.38	19
内蒙古	-0.56902	-0.10686	-0.47885	-0.39	20
云南	-0.37399	-0.7194	0.32581	-0.39	21
山西	-0.45038	-0.56302	0.12675	-0.4	22
黑龙江	-0.51125	-0.67117	0.57304	-0.4	23
广西	-0.31195	-0.5933	-0.20742	-0.4	24
贵州	-0.38208	-0.53128	-0.23176	-0.41	25
海南	-0.65772	-0.13876	-0.54575	-0.46	26
甘肃	-0.5449	-0.69923	0.31981	-0.46	27
新疆	-0.61477	-0.49414	0.10381	-0.46	28
宁夏	-0.63344	-0.17711	-0.68106	-0.48	29
青海	-0.67856	-0.27775	-0.42493	-0.5	30
西藏	-0.61253	-0.09162	-1.51229	-0.57	31

注：因数据获取原因，本表罗列我国省、自治区、直辖市的数据中，未包含香港、澳门特别行政区、台湾地区相关数据。

为直观而清晰地比较各地区产业发展水平，转化为图表形式，如下图所示：

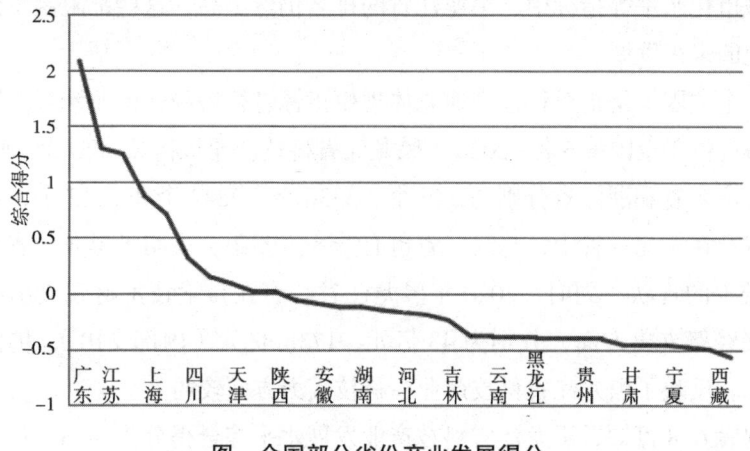

图　全国部分省份产业发展得分

6.4　黑龙江省科技产业发展水平评价结果分析

通过对各地区科技产业发展水平评价指标进行因子分析，最终得到各地区科技产业发展水平的综合得分结果，使与其他省市相比，能够更加直观、清晰地对黑龙江省科技产业的发展方向进行合理定位，并对黑龙江省科技产业发展水平的综合评价进行客观描述。

第一个主因子是指对科技产业产出指标进行解释说明。黑龙江省的因子得分为 -0.51125，位于全国第 22 名，处于中下游。2020 年黑龙江省科技产业生产经营利润总额为 31 亿元，而北京市、江苏省、广东省、浙江省分别为 555 亿元、1841 亿元、3001 亿元和 1095 亿元，远远高于黑龙江省。黑龙江省的专利申请受理数和专利申请授权数的数量也低于其他省市。以上都表明黑龙江省在科技实力方面上都有待加强。黑龙江省作为东北老工业基地的重要组成部分，传统产业也在日益没落，优化产业结构需早日提上日程。另外，科技产业发展规模小、发展水平低，没有与政策、人才、技术等更好地融合，限制了黑龙江省科技产业的未来发展。

第二个主因子是指对科技产业发展环境指标进行解释说明。黑龙江省的因子得分为 -0.67117，位于全国第 24 名。2020 年黑龙江省人均 GDP 为 47266 元，而北京市、江苏省、广东省和浙江省分别为 183980 元、137039 元、98285 元和 113032 元。是黑龙江的几倍。表明了黑龙江省居民收入水平较低，消费能力减弱，从而对科技产业的产品需求降低。同时，在互联网普及率、每万人拥有公共交通车辆、城市化水平等指标中，黑龙江省的排名仍然不高，这些都限制了黑龙江省科技产业的未来发展。

第三个主因子是指对科技产业总体规模指标进行解释。黑龙江省的因子得分为0.57304，位于全国第6名。2020年黑龙江省科技产业机构数为51个，而北京市、江苏省、广东省和浙江省分别为246个、3336个、7843个和2212个，都远高于黑龙江省。在东北三省中，与辽宁省也有着一定差距，表明了黑龙江省科技产业的产出较少的现状。同时，2020年黑龙江省政府在科学技术财政支出和研究与实验发展经费支出方面，分别为43亿元、173.2亿元（内部支出），仍低于全国很多地区。反映了黑龙江省科技产业在科技实力方面较弱。

根据表6-8可知，黑龙江省科技产业发展水平综合得分为-0.4，位于全国第23名，在东北三省中，低于吉林省和辽宁省。高于中西部地区，低于东部沿海省市及我国31个省市的平均水平。目前，黑龙江省科技产业的发展正处于初级阶段，政府扶持力度、科研经费投入、社会基础设施发展等方面都与黑龙江省的科技产业的发展相关联。

第7章 黑龙江省科技产业投融资环境分析与改进

科技产业投融资环境是决定科技产业发展态势的决定性因素。目前,科技产业在我国的发展过程中仍存在着诸多问题,如:投融资渠道不健全、中小企业获得投资机会难、资金投入总量不足、未形成有效的风险投资支持机制、资金使用机制不合理等。由于新兴产业在我国发育还不健全,大部分金融资本只是周转于旧的生产体系和传统产业中,无法在新兴产业领域实现价值增值。科技产业一旦失去资金支持,大多数的创新项目也只能停留在技术开发阶段,横向规模化生产和纵向深层技术开发都受到极大限制,科学技术很难转化为现实生产力。在当前提出振兴东北等老工业基地的形势下,加大资金投入力度,大力开发新技术,积极发展科技产业,必然是黑龙江省乃至国家转变经济发展方式、调整产业结构、实现技术跨越和提高核心竞争力的重要选择。以黑龙江省科技产业的投融资环境为研究对象,分析目前黑龙江省科技产业投融资环境的现状和难点,并寻找解决问题的出路。探讨黑龙江省高技术企业投融资环境,探索和创新多种模式的科技金融服务机制,提出打造高效的科技产业投融资平台和科技金融服务体系的思路和模式,提出完善投融资市场和投融资生态的策略,探讨通过优化投资结构扶持黑龙江省战略性新兴产业和高技术产业的方式。

7.1 黑龙江省科技产业投融资的一般特征

7.1.1 高级要素和特殊要素占较高投入比例

研究构成竞争力的"钻石"系统模型是由美国著名战略管理专家迈克尔·波特提出的,关于其中六要素之一的条件方面,迈克尔·波特指出想要始终保持并持续提高竞争力,可以通过长久投资应用范围狭窄的生产要素所形成的特殊要素,以及高技能人才和高新科技开发等高度专业化的高级要素的持续投资。由此可知，只有在专业厂房、设备等特殊要素和人力资本等高级要素占较高的投入比例，才能保持科技产业的竞争力。

各行各业中，高素质人才一般从事富有挑战的创新性工作，想要完成这些高、精、尖的科技创新工作，需做多次重复性工作并担负失败的风险，因此，从业人员的薪酬要求较高；除此之外，开展工作是动态复杂的过程，对管理人员或是技术人员的要求不是一成不变的，所以，应当提供管理人员、科技人员、技术工人、行政人员和营销人员等终生学习的机会，并支付培训费用，这是一笔庞大的人力资本投入。举例来说，销售环节是产供销环节中的关键，营销人员在经过培训后，能够熟练地掌握高科技产品的使用操作规范和技术性能，方便更好地向顾客介绍产品，提供更加优质的服务。就专业设备和厂房等特殊要素这一点来说，科技产业与传统产业相比较，开展科技产业一般需要较高的技术水平，其生产设备中的关键部件具有专业性和创新性，设备一般为专门定制，具有高度专用性和原创性，而传统产业市场和产品趋于稳定，生产技术成熟，在扩建新厂时投入较低，因此，科技产业的生产设备比传统行业的投入高；同时科技产业对生产环境的要求较高，厂房内需保持生产环境防震、防尘、恒温等，现代化厂房通常采用流水线、智能化来进行产品生产，因此在厂房投入上科技产业明显比传统产业倾注更多。

7.1.2 高投入、高风险、高收益和长周期

（1）高投入特征。对科技产业的投入既包括对设备、厂房等硬件设施的投入，还包括对科研经费、培训费用等费用的支持。除此之外，投入是动态的过程，随着科技产业项目从项目建立到应用研究，直至最终实现产业化的全过程，资金投入量伴随项目成立及产业过程的发展而不断增加。在高新技术项目产业化过程中，小试、中试、大批量工业化三环节的一般经验性数据为十倍递增关系，呈几何倍数增长。

（2）高收益特征。科技产业的高投入一般会带来高收益，即使科技产业项目实施具有较长周期、较高投入并伴随高风险，但在开展科技产业的过程中，一旦成功融资并按部就班地开展各项工作，并在一定周期内顺利地研发出产品，实现技术成果的商品转化，该企业能够生产并提供比当前市场更便宜、更好的产品与服务，利用技术垄断优势获取超额利润。全球著名企业微软、雅虎等就是成功的典范，这些企业最主要的优势是雄厚的技术实力，加上正确的企业战略导向、有序的组织经营管理、灵活的市场营销策略等，进而形成了产、供、销环节上的良

性循环，而成为行业典范。

（3）高风险特征。高收益必然会伴随高风险的产生，相比较于传统产业，科技产业在新产品研发上资金投入巨大，面对竞争越发激烈的科技领域，科技创新速度在加快，企业只有不断地缩短研发新产品的周期，在短期内实现产品的生产与销售，才能快速地占领市场，否则将面临巨额投入资本的损失。综合分析，市场风险、技术风险和收益风险是科技产业目前面临的主要风险。市场风险指的是市场对高新技术产品的需求和接受程度具有不确定性；技术风险即研发新产品失败的风险，研发新产品的过程是需要不断创新的，这个过程中存在很多不确定因素，均会增加失败概率；收益风险是指伴随市场风险和技术风险而产生投资收益不确定性的风险。

（4）长周期的特征。科技产业投融资中的各个环节都是动态的、相互关联的，环节本身独立，环节间却具有复杂的关系。因此，在开展科技产业活动时，常表现出技术开发难度大、资本增值周期长等特点。

7.2　黑龙江省科技产业投融资环境现状分析

全国科技产业改革开放40多年来发展态势良好，2020年全国省市高技术企业数量明显增多，但从统计数据中不难看出我国各省市科技产业发展呈现显著的地域差异，全国高新技术企业数量最多的三个省市是广东省（33356）、北京市（20297）和江苏省（13278），而东三省高新企业数量少、排名靠后。黑龙江省拥有939所高新技术企业，投融资环境成为影响各省市科技产业发展的关键因素，黑龙江省科技产业的投融资方式在不断变化，在投资方面，由过去投资主体单一化向多元化转变、投资方式简单化向复杂化转变；在融资方面，科技产业的融资渠道在不断拓宽，新的投融资局面逐步产生。

7.2.1　投资方面

政府和企业作为科技产业的投资主体，以企业为主，政府为辅，二者位置界定清晰，分工明确。随着我国经济体制改革的深入，科技产业成为推动区域经济发展的重要部分，中国高新技术统计年鉴数据显示，黑龙江省高新技术产业收入连年上升，科技产业成为促进黑龙江省经济发展的关键产业之一。黑龙江省企业发挥出微观主体作用，不断增加对科技产业的资金投入，加大对高新技术领域的投资力度，尤其表现在一些规模较大的本土企业和外资企业上。作为科技产业投资主体之一，政府与企业的分工有序，位置摆放正确，职能发挥合理。除此之外，投资主体会受到一定的约束，企业预算约束企业在科技产业的投入，且作用效果越发显著，而政府的支出主要是财政支出，因此，政府对科技产业的投入受财政支出规范化的制约。

7.2.2 融资方面

投融资主体的性质决定了科技产业的融资渠道。对政府来说，支持科技产业的发展主要渠道是财政支出，其次表现为国债资金。相较于政府来说，企业的融资渠道更具有灵活性，融资渠道在不断增加。例如：商业化风险基金、政府风险基金都可以在资金上支持高新技术创新企业。对大规模的企业来说，融资渠道则更加广泛，除了商业化风险基金、政府风险基金，还包括银行贷款、市场筹资等。而对于外资企业来说，国际资本市场筹资、母公司本身资本都可作为融资的方式，其融资渠道最为多元化。

7.3 黑龙江省科技产业投融资环境存在的问题

我国科技产业起步晚、发展速度慢，跟发达国家相比还存在明显的差距，科技产业投融资改革还在进行中，近年来黑龙江省在科技产业上取得一定成绩，例如，黑河汉麻企业院士工作站科研实验室、黑河创客空间、院士工作室和黑河小微企业科技创业园、中俄跨境大桥及中俄天然气合作项目、大庆市国家级创业科技园、牡丹江的物联网产业园、佳木斯的省级农业产业园等。即便如此，黑龙江省科技产业投融资环境仍存在以下问题。

7.3.1 科技产业资金投入少

科技产业的发展离不开资金的大量投入，国际上衡量一个国家的科技投入通常用研发费用（R&D）占国内生产总值（GDP）的比重这一指标。目前黑龙江省有一些市场前景广阔、技术水平高的项目没有形成产业化，主要原因是投融资渠道窄，资金投入不足；另外，投资主体还停留在以政府为主体的阶段，虽然政府财政在很大程度上对科技产业予以支持，但明显力度不够，企业应当发挥出微观主体的主要作用；政府财政投入缺乏基础作用和导向作用，政府没有对资金进行系统规划和稳定跟踪，投入的资金过于分散，分布面广。

7.3.2 科技产业投资结构不合理

纵观世界各国科技产业的发展情况，美国、日本科技产业投入三分之二以上来自企业，剩余来自政府，发达国家企业科研投入占销售额百分之三以上，甚至达到百分之十。与发达国家相比，我国对科技产业的投资政府仍占四分之三左右的比例，黑龙江省虽然已经认清投资主体的转变趋势，但实际情况仍旧是政府投入占主要部分，且黑龙江省企业用作科研的费用较少。

中小企业难获资金支持，众多中小企业由于企业资金少、规模小、生产技术和产品不成熟，很难通过金融机构的信用考核，因此，作为科技产业主体获得资金支持的机会少，尤其是从商业银行处获得贷款支持。而传统的融资渠道不能为企业获得长久、充足的资金支持，无法支撑技术转换为产品的全过程。

7.3.3 尚未形成真正有效的风险投资支持机制

黑龙江的风险投资载体大都是国有银行和科技部门，主要由国家和地方政府为主创办或资助运作，主要表现为财政科技拨款和科技开发贷款对大项目、大企业的投资。目前，黑龙江风险投资业务还未涉及保险、养老等各种基金领域，资金主要投向高新技术企业；黑龙江的风险投资基金呈现规模小、来源渠道单一、机构数量少的现状，极少有商业资本或私人资本的介入，主要投资人基本上是国家、地方财政与国有银行，所以市场配置作为稀缺资源，属性并不明显；风险投资的退出方式主要有股份回购和清算、股份出售、股权并购以及股票的首次公开上市（IPO）等，其中最理想的退出方式是IPO，终极目标是获利退出。黑龙江目前的资本市场并不发达，风险资本出口不畅，风险投资退出机制还不健全，而且黑龙江的股市不规范，上市门槛高，运作效率低。黑龙江许多风险企业的前身都是传统企业或者高校科研机构，现单位与原单位不明晰的产权关系，加上黑龙江产权交易市场（三板市场）以及评估机构尚不发达，它们也很难以出售或并购等方式撤出投资，缺乏有力的制度保证。黑龙江政府对企业投资行为支持力度不够，至今没有颁布风险投资的专门法案或条例，导致了风险增大的难题。

7.3.4 资本市场对科技产业的支持不强

我国资本市场发展较快，科技产业融资渠道由过去单一、高风险的方式向多元化转变，直接融资渠道是一种全新的、低成本的融资平台，支撑企业的跨越式发展。但由于主板市场存在缺位现象，对于黑龙江省大多数高新技术企业来说，无论是建厂时间、经营业绩，还是企业规模，都无法达到主板上市要求，特别是中小企业，几乎没有通过直接上市进行融资的可能性，因此，在黑龙江省科技产业欲通过资本市场进行直接融资难以实行；高新技术产业在不同的发展阶段有不同的融资需求，产权交易体系的不健全限制了企业融资渠道发展。

7.3.5 中介机构的服务质量不高

风投行业的中介机构服务质量的高低直接影响风险投资业的发展。但现阶段黑龙江省内与风险投资相关的中介机构均存在规模小、管理无序、服务质量差等问题，高新技术企业不能通过诸如会计师事务所、科技项目评估机构、律师事务所、投资顾问机构和技术经纪机构等获得满意的融资服务，这增加了高新技术企业的融资难度和成本。

7.4 科技产业创新驱动产业改革

对于科技产业而言，技术创新是推进产业升级转型与产业实现可持续发展的重要影响因素，有赖于科技创新的进步。实现生态化产业的发展模式，必须依靠先进的技术促进经济的可持续发展。在马克思看来，生产力是包含科学在内的，以科学的应用为前提的，需要对科学赋予生产的特性。回顾人类社会发展的历史不难发现，科学在其中的地位一直是以推动社会发展的角色出现，但科学的地位却是在逐渐上升。如今在可持续发展理念的影响下，科技的进步将推动产业的转型升级，生态化产业的发展依赖于清洁生产技术和资源重复利用技术的进步，此外产业的可持续发展有赖于科学技术的不断更新去发现更多清洁能源，如太阳能等，以及研发出更多的可重复利用的原材料和清洁生产技术，促进生产工艺的优化，减少废弃物的排放。

可持续发展模式的深入发展最重要的支撑条件就是科学技术的发展，科学技术是可持续发展的基础与先导，唯有推动科学技术的不断创新，以此促进可持续发展的生态型经济的发展模式的全面进步。在传统的工业发展中，科学技术的地位并没有像如今的经济发展中的地位如此之高，仅仅是作为提高企业经济发展效益的一个途径，例如，提高产品的生产效率、降低成本等。如今，科技与经济是相互联系密不可分的，发挥着超越传统的支撑性作用。循环性产业的发展模式可以为可持续发展提供支持，在网络技术进步的同时，信息化不断发展，技术创新速度加快，对我国加速经济发展提供了重要支撑。以信息技术的进步推进企业的信息化进程，在信息化发展的基础上实现产业的工业信息化，推进我国加速发展高水平、低排放的以科技为支撑的新型的工业发展道路。因此，科学技术的发展水平，在推进产业结构的改革方面发挥着至关重要的作用。此外科技创新的发展对促进产业链信息共享、促进产业集群、提高我国国际地位同样意义重大。

从宏观角度考虑，产业发展的衡量标准是全要素生产率，传统产业的发展以资源和劳动力作为发展的基础，如今科技产业的发展以知识、人才以及技术作为发展的基础条件。作为科技产业发展的重要推手的科技创新促进了经济发展方式的转变，新的增长形式转变为在不变更传统技术和基础设施的基础上，增加生产要素的投入，促进生产规模的扩大；以及对生产技术和基础设施进行适当的创新，加速生产要素的合理配置进程，在提高生产数量的同时，保证产出质量。

推进生产要素的合理配置对于实现产业升级意义重大。在企业的视角下，需不断提高产品质量，柔性生产，以消费者需求为导向，调整生产，从减少库存的方式减少企业投入成本，推进生态产业化的进程。对于黑龙江而言，由于曾经依赖资源的开发实现经济增长，一度造成环境的破坏，因此当前需以产业的优化升级为基础，进一步实现经济进步。

科技创新是实现经济增长与生态型工业化的重要基石，科技作为当今社会最重要的战略性资源，已经成为促进经济发展的中坚力量。科技自古以来便是社会进步的推动力，改变原有的发展格局，促进新兴工业发展方式的产生，推动社会的跨越式进步。科技的创新实现了生产要素的重新组合，降低了以往对资源的依赖，实现生产要素的合理配置，提高资源利用效率，促进全要素生产率的提高。此外，研发出全新的产品并提供更高质量的服务，促进公平有序的竞争环境的形成。因此，需进一步认识到科技创新对经济发展以及环境保护的重要作用，为科技创新提供支持。

以微观的视角来考量，产品是企业发展的载体，不断开发新产品以及提高自身服务质量就成为促进企业发展的先决条件。新产品的出现标志着产品结构的转变，以及产品中内含的技术含量以及附加值在提升。为了更好理解，我们可以采用投入产出比衡量，这意味着在生产产品过程中需要的资源减少，但是产出增加；同样的，在经济效益视角来看，企业生产的成本在减少，但是企业的利润却在增加。换言之，这意味着在成本减少的同时，提高经济效益，促进企业盈利水平的提高。这表明企业的竞争能力得到显著提升。一个产业如果想要提升自身的生产效率，保持自身的盈利能力，就不得不进行产业的优化升级，提升效能，通过减少生产源头的投入，如资本、劳动力等，进而提升产业的整体效能，并在整体进步的趋势下，推动中小企业的发展。企业创新效能的提升有赖于企业创新潜力的充分发掘。一方面，企业需要明确机遇和危机的关系，时刻保持"居安思危"的危机意识，保持企业的活力，激发整体的创新热情，管理者更需在创新理念的指导下，为员工创立安全的创新环境。此外，企业创新能力的提升有赖于企业对于目标市场的识别以及市场需求的准确把握，更多的是企业是否愿意承担创新所带来的风险。生产要素的合理配置以及充分应用，是提高现有资本附加值的重要途径，只有这样才能充分发挥企业的创新潜力，以创新推动产业的整体进步。另一方面，产业的稳步发展需要有科学的奖惩制度作为辅助条件，有活力的奖惩可以充分激发科研人员的创新热情，为其提供安全的创新环境，提高创新失败的容忍度。

既然科技创新对于科技产业的进步如此重要，研究科技创新对产业整体发展的影响因素就显得至关重要。其影响因素大体可以分为产业资源、技术水平、市场需求、政策导向四个方面。

7.4.1 产业资源

随着科学技术发展速度的加快，资源在经济发展中的作用也越来越重要。每个产业在生产中都离不开资源的投入，只有先进行资源的投入，才能实现资源的资本化，进而转变成各种实物资本。一个地区科学技术的发展水平越来越受到全市场的生产效率以及生产水平的影响，而这又受到资源配置水平、资源投入与资源的流动水平的影响。科学技术的发展水平直接作用于一个区域的经济发展状况，根据以往经验我们不难发现，适度的科技创新是区域发展的重要推手。依照当地的实际发展现状以及资源的储备状况，有针对性、有计划地进行科技创新活动，促进资源的合理配置，提高资源使用效率。以往的经验表明，企业的创新成效与对创新的投入呈正相关关系。有学者研究发现，任何有关创新活动的正常进行都需要资金的支撑，这与科技产业的知识密集且风险资本的依赖性强的本质特征有关。以往黑龙江省的经济发展推动因素是资源的开发，如今转变为科技创新的支撑。但是值得关注的是资源是科技创新活动进步的基石，对科技创新活动有重要影响，反之，科技创新的应用有助于积累更多的资源。因此，资源与科技的良性互动将共同推动黑龙江省的产业转型与经济发展。

7.4.2 技术水平

在一定程度上，产业改革实质上也可以说是通过科学技术的进步创造出更多知识密集、智力密集且产品附加值更高的产品。科技创新的意义重大，一方面在促进生产力的进步、提高资源使用效率成效显著；另一方面，科技创新可以有效地促进社会分工的重新调整以及重新分配生产要素。除此之外，科技创新最重要的作用就是促进产业结构的进一步优化。科技创新所带来的新兴产品、新兴技术催生了新兴产业和部门，这些部门利用先进技术取得核心竞争力，在最短时间内占领市场，取得资源优势，继而扩大生产规模，甚至逐步在既有市场内取得垄断地位。与此同时，传统的以资源开发为竞争优势产业将面临因无法掌握精锐技术而造成的生产能力下降、竞争优势逐渐丧失、损失各种生产要素等问题，长此以往，将逐步被市场淘汰。因此，纵然科技的进步带来了新兴产业的方兴未艾，促进传统产业的优化升级，但技术的进步导致传统部门竞争优势的丧失，传统部门需与新兴部门一起提高本部门的竞争优势，不断促进产业结构的转型。

7.4.3 市场需求

如今的市场竞争激烈，消费者需求越来越受到厂商的重视，仅仅依赖科技进步并不能完全满足产业整体发展的需要，脱离消费者需求谋创新，犹如无根之水、无水之木，无法取得实质性作用，不能使科技创新成果发挥应有的作用。科技创新必须仅仅围绕市场需求，以此为基础进行市场调研，时刻把握市场脉搏，了解发展趋势以及变化形式，准确掌握科技进步情况、技术进步规律。此外，科技创新还必须紧紧把握互联网和大数据发展规律，在新的潮流下，需走信息化、智能化的前进道路，对技术、生产流程、生产工艺、产品以及生产设施进行全面革新，着重研究开发高精尖技术和与竞争力相关的核心技术，以市场的需求为基础制定科技创新战略安排，确定研发重点。

7.4.4 政策导向

作为影响创新的宏观环境，有关产业发展的法律法规以及政府有关科技的政策不容忽视。主要表现在对产业的生产与经营情况和资源配置状况产生作用。一般而言，创新行为本身所具有的内外部特性，一般难以对资源的配置与有效利用产生直接作用。自主创新政策是指那些由政府部门所颁发并且控制方向调整与规模发展并实现资源有效配置的公共政策。政府通常为了激发企业的创新积极性，促进创新的内部化会颁布一些优惠政策和激励措施，以及出台相应的法律法规对创新成果进行保护。与此同时，政府同样会为了延长创新活动而出台监管控制规则，及时了解创新成果的具体应用情况。因此，政府为了鼓励科技产业实现创新成果的商业化，会出台各类政策以尽量减少创新活动束缚，促进科技创新和经济增长的有机统一。

7.5 黑龙江省科技产业投融资环境改进策略

实现区域科技产业化，除了高新技术成果本身能够推动技术进步以外，将技术转化为产品的客观的作用机制十分重要，需提供实现区域科技产业化所必需的金融支持系统。结合黑龙江省的实践情况，借鉴国内外投融资经验，提出以下几点关于改进黑龙江省科技产业投融资环境的策略。

7.5.1 提高科技支出所占比例

提高黑龙江省年财政支出中科技支出所占比例，黑龙江省财政每年应向科技产业划分专项资金，增加科技产业投入预算，对技术创新的重大项目予以大力支持。在省内营造宽松的创新创业环境，对黑龙江省内规模化科技产业项目提供支持，政府可采用贷款贴息、资本金注入、融资担保的方式设立科技产业扶持资金。在资金使用的过程中，应秉持资金使用程序化、公开化和市场化的原则，依据绩效原则、放大原则、集中原则、后评估原则，实行政府决策、专家评审，从而发挥高新技术产业发展基金的作用，提高资金利用率。

7.5.2 构建完善的资本市场体系

资本市场在科技产业的不同发展阶段扮演着不同角色，就目前国际社会上资本市场和科技产业的发展现状来看，我国科技产业要想更好更快地成长起来，相关资本市场的体系化建设应当被给予更高的重视。在科技产业发展全过程中，证券市场提供了很大的资本支持，尤其是科技型中小企业的融资过程中宽松规则市场发挥了重要作用；贷款的无节制使用是提高科技产业的发展风险的重要原因，因此银行信贷对科技产业的支持应该是有合理限度的；资本市场应该在整合或重组高新技术项目上发挥更大的作用。如果能尽早在资本市场中形成专业的管理公司和投资银行对高新技术项目进行重新组合，当项目推进出现问题时，资本市场可以准确地进行产权、债务和管理等方面的重组,将损失调整到可控范围。

7.5.3 逐步改革投融资体制

目前我国投融资需要迈出的重要一步是继续改革和完善投融资体制,努力实现投资主体多元。这就意味着不能只是政府作为单一的投资主体参与进来,更需要企业、个人、外商,尤其是民营资本流入投资市场,形成多元化的投资格局;而且要实现对投资的自主化决策,减少政治色彩;针对高新技术企业,可鼓励符合条件的多个企业进行组合,并为其提供有力的上市条件;针对有优势的、发展前景乐观的企业和项目,经审批通过,可依据总资本的情况,以合理规范的标准进行社会债券的发放;充分挖掘并整合个体居民投资科技产业的力量。黑龙江省存在一批中产阶级的年轻人,他们具备充足的资金,并期望找到有价值的投资项目。政府可通过建立健全投资保障制度,建立优惠政策,充分将此部分闲散资金进行整合利用,必将促进科技产业取得巨大发展。

健全科技产业投融资体系,为解决制约科技产业发展的资金问题,首先,应植入在市场中进行融资的新理念,通过资本市场化运作,形成以企业投入为主体、政府投入为辅、社会投入为基础、金融投入为支撑的科技产业投融资体系。其次,有序管理并使用财政资金,不断增强对科技产业的支持力度,推动科技产业技术进步。再次,政府规范科技产业领域风险资金和引导资金的投入使用,以便增加社会资金的投入。最后,完善信用担保制度,对风险投资机构进行规范,推动中小企业资金担保资金向优势科技产业项目倾斜。

7.5.4 合理划分企业和政府职能

对企业和政府在科技产业投融资项目方面进行职能划分。政府在科技产业投融资过程中主要扮演监督、控制和引导的辅助角色,是建立合理的科技产业投融资制度的基础和保证。政府在立项资助、设立产业发展基金、财政专项拨款等方面,为资金融通提供协调、咨询服务和政策法规支持等主要职能的实现过程中要以战略性、非营利性为基本投资原则。具体来说:政府投资主体结构要分工合理,各主管部门在基础研究、应用研究、试验示范和大规模生产等不同阶段要有不同的投资范围和分工,而且分类管理要根据制度安排和方式的不同进行划分;建立专门的资金渠道,加大在科技产业发展方向的财政预算,保证政府投资来源的稳定性;在国家投资中,应该严格控制大规模生产、试验示范和战略技术制高点项目的数量，集中基金进行有针对性、有重点的投资；强化技术扩散效应，建立专项基金专项管理的机制。为企业自主选择的高新技术项目组建专项科技产业发展基金，依靠地方政府基金的支持实现关键技术领域的突破。

应该把科技产业高新技术项目追求高投入、高收益的产业化阶段作为的重点企业投融资关注点；把企业作为投融资主体、科研院所作为协同，在重点项目开发和技术创新工程上实现产、学、研的紧密结合。为了产业化进度和投资效率的提高，可以通过重组大型研究机构和产业内核心龙头企业的方式形成集群化产业；采取不同方式，建立不同规模的风险投资基金和科技产业投资基金。可以通过鼓励大公司进行风险投资，收购兼并中小型高科技企业等，建立以大公司为主体的风险投资基金；建立中小型企业科技产业投资基金，用于对中小企业的技术创新活动的支持，同时还必须在政策上为科技型中小企业提供多种方式的融资和贷款担保。

7.5.5 成立科技风险投资有限公司

建立高起点、市场化、规范化的股权投资制度，由政府机关发起投资，鼓励证券公司及具备优秀条件的企业成为投资人，共同建立科技风险投资股份有限公司。将社会资金不断进行整合，构建非单一投资主体的风险投资机构。同时政府应积极引进内外部资源，促进内外风险基金或公司在省内的业务开展。以政策优势及完善的投资管理制度，吸引集团、企业及个人自主成立风险投资公司。促进高新技术企业在"主板市场"上市，迅速撬动市场资本，进行资金整合。充分重视知识和技术产权保护，促进知识和技术产权成果转化和产权交易。建立良性循环的风险投资市场，一方面鼓励风险投资进入省内市场，拓宽风险投资进入渠道，降低风险投资准入门槛，促进省内技术、产业和金融的有机结合，从而实现技术落地、产业升级、金融获利的多方互利共赢新局面。另一方面要注重风险投资进入后的管理和保护。建立健全风险投资合法退出渠道，免除风险投资后顾之忧。完善风险投资失利补偿机制，降低风险投资风险和损失，使风险可控，也在侧面为风险投资进入省内营造了良好环境。进一步加快了风险投资进入省内的步伐。

7.5.6 成立科技产业发展融资担保基金

担保基金的来源主要以政府投入为主，在政府拨款的基础上资金还可来自社会捐赠、定向募集和金融保险系统等。为确保科技产业发展融资担保基金运行顺畅,设立担保资金管理委员会。同时,为了能够有效降低风险损失,可以采取以下措施:第一,常备担保备用金,每年用来弥补资金损失部分将占风险准备金的15%;第二,用一部分担保基金用来投资国债等证券,以期增值,便于补充担保资金,从而降低风险损失;第三,担保项目风险的风险额度应当根据项目的风险程度按照1%~2%收取,上限一般为1200万元。倡导企业和其他组织依法设立以融资担保为主的信用担保。

7.5.7 进一步完善支持服务体系

合理、完善的配套制度和服务体系在促进科技产业与资本市场的结合进程上起到至关重要的推动作用。健全科技产业投融资服务体系,培育和规范各种科技中介服务机构,提高信息网络的交流效率,中介组织在科技产业与资本市场中间起到协调、沟通的作用。借助信息网络和电子政务工程为科技企业提供工商、税务、信息发布等高效率服务;完善科技产业投融资市场体系,为高科技产业的项目研发、各种要素的配置以及产业化提供良好的交易平台。为了避免产业链因为不能在市场规则下顺利实现股权、技术及各发展阶段的转换而中断,必须完善资本市场体系以及技术、产权交易市场和人才市场的建设,在技术、人力资源和资本方面为科技产业发展提供有效的支持。政府发挥公共管理者职能,努力搭建投融资指导工作平台、产权和股权交易平台、上市融资平台、中短期借贷市场平台和私募资本市场平台,为高新技术企业与投融资机构之间的信息传递提供媒介,有助于投资企业发掘科技产业领域的投资价值,促进双方更好地合作。

第8章 黑龙江省高校科技产业发展模式及创新对策

黑龙江省高校作为科技孵化基地之一，相继发展科技产业，对推动科技产业发展贡献了重要力量。高等院校对于培养科技型人才、搭建科技成果孵化平台、推动高校产学研相结合、吸引高校产业投资、打造产业园区等方面发挥出了重要作用。

8.1 黑龙江省高校科技产业发展现状

8.1.1 科技研究机构和重点实验室增多

自"十三五"以来，黑龙江省各高校加大科技方面的投入，成立重点实验室、申请国家级科研项目、与企业合作协同创新等。

近年来哈尔滨工业大学共成立35家研究所，包括通信技术、经济技术、工程技术、工业技术、环境技术等方面；哈尔滨工程大学成立14家研究机构，主要以核安全技术、船舶技术、海洋能源技术为主；东北林业大学目前成立学校拥有各级重点实验室及科研机构93个。科技研究机构和重点实验室围绕科技强省建设目标，全省科技实力和创新能力进一步增强，为"神舟"系列飞船、"天宫"一号、二号空间实验室、"奋斗者号"深潜10000米等国家上天入海行动和国家重大工程建设提供了一系列原创性技术支撑。获得国家科学技术奖64项，其中哈工大刘永坦院士获国家最高科学技术奖。

8.1.2 依托科技园建立产学研基地

黑龙江省积极响应国家对于科技产业发展战略的号召，在全省重点高校内部建立科技园，目前黑龙江省高校包括哈尔滨工业大学、哈尔滨工程大学、哈尔滨理工大学、东北石油大学已经建成国家级大学科技园。

据黑龙江省科技厅数据统计，截至2021年，黑龙江省普通高校共80所，共计建成6个国家级大学科技园；科学研究与开发机构数量达到226个，R&D人员7106人。科技园大力孵化产业，以哈尔滨工程大学为例，"十三五"末期在智慧海洋、船舶制造和配套、计量检测等重点产业上初步形成规模，军民融合海洋产业产值超过100亿元，通过前期努力，将会打造千亿级现代海洋产业集聚区。

8.1.3 产业园区品牌规模特色明显

黑龙江省高校科技园为形成具有产业特色、品牌规模的体系不断加大投资关注力度。哈尔滨工程大学科技园于2015年打造了众创生态园这一创业品牌，通过学校的科技成果储备逐渐建立成具有品牌效应、规模特色的产业体系，其特点为技术性含量高、发展迅速、具有发展潜力、有良好的市场空间。

通过孵化社区及周边特定区域开发建设，有效结合地方资源，为入孵科技企业配套建设必要的酒店、公寓、专家住宅、商业等设施，并对孵化社区的物业采取出售使用权、产权作价入股、租金作价入股、出租等方式进行综合经营。

8.1.4 形成特色科技成果转化体系

"十三五"期间，黑龙江省高等学校各类科研项目立项数及合同经费均较"十二五"有稳定增长，尤其国家层面科研项目的主持立项取得了多项突破。黑龙江省许多高校为改善学校缺乏国家科技项目，主持立项了国家科技支撑计划项目、并获得了国家"863"计划项目，国家自然科学基金各类项目的获得数量、R&D经费资助额度与国家"十二五"相比有明显增加。"十三五"期间，黑龙江省高等学校科技活动成果丰硕，如表8-1所示。

表8-1 2015-2020年黑龙江省高等学校科技活动产出情况

指标	单位	2015	2016	2017	2018	2019	2020
R&D项目（课题）数	项	19807	17308	14122	18902	22584	23579
R&D项目（课题）经费支出	万元	379856	40965	146834	413788	351452	494478
发表科技论文数	篇	38123	36133	40839	41236	45220	42506
国际发表科技论文数	篇	14050	14502	9759	12749	19804	17624
出版科技著作	种	892	1142	1938	1083	912	890
专利申请授权数	件	6130	5924	6407	5278	5572	6209
发明专利授权数	件	2559	2714	1827	2791	3013	3189

数据来源：《黑龙江统计年鉴》

2022年黑龙江省出台了《黑龙江省高校科技成果产业化专项行动方案（2022—2026年）》，一是实施成果培育"贯通工程"，推动高校科技成果产出提质增效，二是实施多方协同"融通工程"，做优高校成果产业化软环境，三是实施产业化路径"畅通工程"，提升全过程服务效能。计划到2026年实现高校成果产业化600项以上，总体投资额达到20亿元，创造200亿以上经济总量。

黑龙江省出台《黑龙江省科研院所科技成果产业化专项行动方案（2022—2026年）》，一是创新制度设计，强化各类科技计划对科研院所的支持力度；二是立足产业需求，深化科技成果产研合作；三是注重研发实绩，构建科研院所技术转移转化体系；四是完善激励制度，激发科研人员科技成果转化积极性；五是注重平台管理，打造中省直科研院所"双创"孵化载体；六是深化产业衔接，发挥科技金融引导撬动作用；七是加强上下贯通，推进院地合作汇聚高水平科技成果；八是面向市场需求，增强企业承接科技成果产业化能力，计划到2026年，实现科技成果产业化400项以上，总体投资额达到50亿元，创造100亿元以上经济总量。

8.1.5　大力打造科技创新平台

黑龙江省高校纷纷建立科技创新及研发平台，其中东北林业大学建设了"科研管理平台信息系统"和"科研工作量管理系统"，将科研办公与团队、科研项目与经费、科研成果与知识产权、成果获奖、学术活动及科研奖励等科学研究相关的事务全部纳入科研平台管理。

8.2　黑龙江省高校科技产业发展模式

8.2.1　内外协同型——激励制度

在外部因素上，政府加强各类科学技术奖的支持力度，并向应用型研究成果倾斜。数据表明高校科研项目与科研团队仍然作为黑龙江省科技产业的重要力量。在内部因素上，高校内部相继采取激励措施，给予科研人员除工资、奖金以外的收入来源，针对其科技成果带来的经济效益进行相应激励；鼓励高校科研人员申请专利，给予高校教师知识产权的所有权，保证其知识产权带来的经济效益，激励高校教师与学生参与科研工作的动力，为自身科研成果得到良好的转化。

8.2.2 联合协作型——成果转化

高校积极与企业、科研院开展深入合作，搭建科技成果转化平台，积极参与科研成果的应用。为提升服务社会的能力，学校科研院在现有科研管理办法的基础上，进一步加强内部管理制度的完善，同时积极开展科技成果推广和转化工作，编制成熟可产业化科技成果汇编，参加各类科技成果推介、展示活动，一方面广泛地宣传学校现有优秀科技成果、促进成果转化和产业化，另一方面有效地提高了学校的知名度，促进更多的高新技术企业对高校的认识和了解，为将来的深层次合作研究和技术开发奠定了基础。

8.2.3 自主开发型——孵化产业

据黑龙江省科技厅数据统计，目前黑龙江省高校科技站群66个。黑龙江省高校通过搭建产学研合作平台、成立高校科技园、建设高校孵化器体系等手段来创办科技企业。其中哈尔滨工业大学国家科技园范围涉及农业、水电、资源环保、生物科学、信息技术产业等，还将继续向外扩展其领域，开辟了两块产业化示范基地，产业化基地向高校科研人员提供实习与工作条件，也为黑龙江省其他高科技企业起到积极的示范作用。

8.2.4 企业导向型——成果商业化

高校作为科技企业发展的技术平台，通过吸引的资金孵化科研成果，创办高校科技企业，允许高校内部人员进入企业，并与社会科技企业合作，更好地将高校科研成果商业化。高校科技产业园区在促进学校科技成果转化方面取得了突破性进展，无形资产投资参股的成功经验和创业环境的驱动，使学校教师燃起创业热情，学校成果转化和产业化实现了井喷式发展，彰显学校服务社会经济发展的作用更加明显。

8.3 黑龙江省高校科技产业存在的问题

8.3.1 产学研合作力度不够

目前黑龙江省高校对于科技产业发展力度不断加大，但高校在与省市科研院所和企业合作方面处于起步时期，针对于企业、科研机构的合作还是存在部分难题，究其原因还是黑龙江省高校科技产业起步较晚，发展阶段不够成熟，产学研合作力度还需要加强。黑龙江省为积极推动高校与企业的深入合作，对高校科技体制进行改革，加大科技投入支持、鼓励科技人才不断创新，并在一定基础上建立科技创新体制，为黑龙江省高校的科技产业发展奠定扎实基础。

8.3.2 运行机制不灵活

在市场竞争激烈的环境下，高校科技产业获取经济利益的途径依然需要依靠科技自主创新、申请科技专利与知识产权、开发新产品和新技术等形式。高校创办科技企业更多的重点放在科研方面而导致创新力度不够，创新性不足，在高速发展的市场化环境下，有关科技产业竞争日益激烈，黑龙江省高校科技产业不断创新是提高经济利益的重要动力。

8.3.3 科技成果转化力度不强

黑龙江省高校科研成果类别广泛，以哈工大、哈工程为代表的高校科研机构科技成果众多，但还是存在资金短缺的问题，导致很多科技成果无法转化成优秀的科技成果；高校研发出的成果虽具有一定应用价值，但要实现产业化仍需通过市场运作进行二次开发。科研人员缺乏转化动力，需要对高校科技产业进行人事制度改革，更好促进科技成果转化。

8.3.4 资源整合力度不足

市场领域拓展力度不够，研发机构多样，资源整合力度不足。目前高校科技研发机构普遍呈现科研单位繁多、任务目标不明确、人才引入机制不健全、人才欠缺等问题，亟待相关资源的整合。高校目前存在一些管理机制障碍问题、人才缺失问题，整合力度不够会引起资金与人员落实难、与企业合作不顺畅等问题，进而会产生高校与企业的纠纷。

8.4 黑龙江省高校科技产业创新对策建议

8.4.1 创新管理机制、整合科研资源

高校科技产业的管理一直是科技产业发展中的重要突破点，高校科技产业内部现今的管理方式是提高科研人员创新性的重要标准之一。在不断扩大高校科技企业的同时也需要通过调整高校科技资源。首先需要建立决策机制，重要科技成果目标的转化、分解、评价，为高校科技企业提供技术、政策支持；其次高校应

针对各自产业特色、资源特性来采取不同资源整合方式，包括刚性整合、柔性整合、多种整合方式的协同运用。高校可以根据自身科技与人才方面的优势，来实现"产学研用"多种资源整合方式，目前哈尔滨工业大学与和黑龙江省工业技术研究院进行合作，采取这一资源整合措施，协调高校资源配置，建立适应科技产业发展改革的示范基地。在创新管理体制的同时，对科技成果的质量予以控制，协同高校其他学院、各科研院所发展科研事业。

首先黑龙江省高校可以通过与科研院所、企业、风险投资机构、咨询机构深入合作，认真分析当前市场发展的势头，高校可以在具有科研能力与技术力量的地区下设科研院所，用总院的技术支持逐渐带动分院产业发展，并能够合理控制分院科技成果质量；其次高校能够采取市场代理的方式，通过为高校科技产业提供支持，将高校科技产业纳入高校管理网络体系。

8.4.2 重视组织变革、加强人才支撑

高校科技产业必须重视组织内部变革，并根据高校与企业的内外部环境不断进行变革。推动各科技企业适应环境变化，达到永续经营。黑龙江省各高校科技产业分工职能不同，应按照所属企业不同的职能特点来建立考核评价体系，通过对企业管理人评价经营业绩，来考核管理人的管理水平，提高科技企业管理者的经营能力。重视管理者的选拔及能力培养，科技产业的创新需要科技人才支撑，黑龙江省有很好的工业基础和高校科研院所，高校科技产业的负责人对高校科技产业的发展起到重要作用，所以要做好企业负责人的培养，选拔并培养出优秀的复合型管理人才，具备对科技产业发展各方面的协调与创新能力。

8.4.3 推动高校科技成果对接资本市场

高校与科研院所是我省科技转化的重点。高校借助这些良好的基础，可以把科技成果转化的根基打好，但科技成果的转化与应用不能太过广泛，它既需要政府出台政策予以支持，另一方面也要与社会资本合作，将科技成果与资本市场合理对接，运用灵活高效的市场化机制发展科技产业，结合生产具有竞争力的产品，为高校与社会提供更大的收益。扩宽融资渠道，吸引风险投资，黑龙江省各大高校办学资金普遍紧张，每年R&D经费支出比重较大，与此同时发展科技产业难度相对加大，高校应积极向外开展业务，吸引资金流入高校，为防止出现的风险，应大量吸引社会风险投资公司，利用资金资助完成高校科研工作，走出高校近年

来资金紧张的状况，促成科技成果的开发、转化、利用。

8.4.4 加强不同学科及产业主体间的合作

科技产业的发展本身就是一项漫长复杂的过程。面临不同学科的融合工作，将不同学科、不同产业进行融合，发挥各学科优秀成果的积极作用，从科研成果的发现、开发，最终到成果的商业化应用，做好各司其职的作用，为提高整体科研工作效率，需要每位技术人员从事专长工作。

黑龙江省的高校科技产业体系起步较晚，制度也不够完善，应该紧随经济发展的步伐，及时发现影响高校科技产业发展的问题，对此加以分析，结合黑龙江省科技产业的实际情况随时做出调整，不断完善省相关法律体系、健全各项机制，加强监管力度，除此之外，高校应总结创办科技产业的失败经验，对科技企业进行规范控制，处理好科技企业、科技人才、科技研究三者之间的关系，保证黑龙江省高校科技产业工作的顺利开展，保障科技产业平稳运行，走出一条"产学研用"紧密结合发展高校科技产业的成功道路。

第9章 黑龙江省科技产业发展战略制定与选择

9.1 战略背景

"十二五"和"十三五"期间，黑龙江省抓住国家实施东北地区等老工业基地振兴、重点产业振兴、发展战略性新兴产业等历史机遇，将自身的资源优势最大限度地转化为经济优势和市场竞争优势，实施大项目牵动战略，初步形成了新材料、生物、新能源装备、新型农机装备、交通运输装备、绿色食品、煤化石化、矿产经济、林产品加工业、现代服务业等"十大重点产业"，哈大齐工业走廊建设区、东部煤电化基地建设区、东北亚经济贸易开发区、大小兴安岭生态功能保护区、两大平原农业综合开发试验区、北国风光特色旅游开发区、哈牡绥东对俄贸易加工区、高新科技产业集中开发区等"八大经济区"的发展格局，已初步形成了生物医药、云计算、石墨新材料、机器人和清洁能源装备等新兴产业集群，构建了科技产业体系，优化产业布局，促进了产业优化升级和经济发展方式转变，拉动黑龙江省经济社会又好又快发展的"引擎"不断发展壮大，有力促进了经济增长。

"十四五"期间，是我国全面建成小康社会、实现第一个百年奋斗目标之后，乘势而上开启全面建设社会主义现代化国家新征程、向第二个百年奋斗目标进军的第一个五年。是巩固全面建成小康社会成果、推动经济高质量发展、加快新旧动能转换、努力建设"六个强省"、重振黑龙江雄风的关键时期。

"十四五"时期宏观经济面临结构转型，迫切需要产业转型升级，新旧动能转换推动传统产业向以科技驱动和高附加值为特征的战略新兴产业转变。在此趋势下，沿海发达省份利用早期的市场、资金、技术积累和人才集聚优势，转型升级加速，先发优势明显；黑龙江省作为曾经的老工业基地和资源大省，需要快速地建立现代科技产业体系。"一带一路""新一轮东北振兴""中国制造2025""大众创业、万众创新""国际产能合作"等国家重大举措释放政策红利，将有力助推科技产业发展。面对新形势、新任务，黑龙江应坚持"向高新技术成果产业化要发展"，依靠科技创新改进供给质量和效益，依靠科技产业发展培育新动能，更好地发挥科技创新的核心和引领作用，推动科技和经济社会发展的深度融合。

9.2 发展目标和总体战略

9.2.1 发展目标

根据《黑龙江省国民经济和社会发展第十四个五年规划和二〇三五年远景目标纲要》《"数字龙江"发展规划（2019-2025年）》《黑龙江省工业强省建设规划（2019-2025年）》《黑龙江省产业振兴行动计划（2022-2026年）》等规划制定黑龙江省科技产业发展目标：

将科技产业打造成为引领和推动黑龙江省国民经济和社会发展的主导力量，通过科技产业充分发展实现新旧动能转换和产业结构优化升级。科技实力和创新能力大幅提升，创新体系更加完善，创新环境更加优化，实施创新驱动和科技成果产业化取得重大成效，引领黑龙江省产业发展向产业链和价值链高端迈进。通过实施一批体现世界经济科技发展方向、对促进经济社会发展具有重大意义、对相关产业整体发展具有基础性和重大引领带动作用的重大产业创新发展工程和重大市场应用示范工程，推动黑龙江全方位数字化、网络化、智能化转型，建成东北工业智能化转型样板、全国数字农业先导区，推动黑龙江省成为全国重要的研发制造中心和科技创新中心。

"十四五"末期，黑龙江省产业技术创新能力明显增强，科技产业基础高级化、产业链现代化水平显著提升，高质量构建起现代科技产业体系，突破一批关键核心技术，形成一批有影响力的大企业，一批产业链条完整、集聚程度高、特色优势鲜明的科技产业集聚地和研发中心。使新一代数字技术、信息技术、新能源成为国民经济发展的先导产业，高端装备制造、新材料、生物、节能环保产业成为国民经济发展的支柱产业，形成一批具有核心竞争力的优势产业集群，引领和推动黑龙江省全方位振兴。

9.2.2 总体战略

立足黑龙江省经济社会发展需求、科技创新基础优势和持续发展的长远目标，以推动高质量发展为主题，自觉全面融入以国内大循环为主体、国内国际双循环相互促进的新发展格局，黑龙江省科技产业总体发展战略为：深入对接国家重大科技专项和"科技创新2030重大项目"，围绕国家重大创新战略布局和重点任务，集成科技创新资源，确定数字经济、生物经济、新材料、新能源、高端装备、新一代信息技术、节能环保、现代农业、创意设计、冰雪经济、生命健康、民生科技等为科技创新优先领域，加强自主创新，强化重点领域关键环节的重大技术研究开发，加速培育一批重大创新成果，突破产业转型升级和新兴产业发展的技术瓶颈，充分发挥科技创新在推动产业迈向中高端、增添发展新动能、拓展发展新空间、提高发展质量和效益中的核心引领作用。重点加快高新技术成果产业化，推进大众创业、万众创新，加强产学研协同创新，深化科技体制改革和机制创新。

9.3 发展原则

9.3.1 机制创新和市场推动原则

坚持科技体制改革和经济社会领域改革同步进行，优化产业发展环境，完善发展机制和政策措施，更好地发挥政府在科技产业战略规划引导、政策制定、协调服务中的重要作用，充分释放创新活力和改革红利。充分发挥市场配置资源的基础性作用，促进资金、技术、人才、土地、资源、资本等要素向科技产业的优势地区和优势企业集聚，营造有利于科技产业发展的生态和环境。

9.3.2 企业带动和集聚发展原则

发挥企业主体作用，促进科技产业集群式发展。将企业发展作为科技产业发展的主攻方向，强化企业创新主体地位和主导作用，鼓励企业成为创新投入、技术研发和成果转化的主体。扶持壮大具有牵动作用的重点龙头企业，积极引导关联度大、带动作用强的优势企业、优势项目向重点科技产业园区集聚。加快科技产业园区建设和服务体系的完善，引导科技企业向园区和基地集中，加快现有园区的优化重组，整合做大专业特色产业园区，科学合理布局，提高园区吸引各方投资、集聚生产要素、承接产业项目的能力。

9.3.3 科技创新和成果转化原则

充分发挥科技创新在产业发展中的重要作用，加快完善创新体系，提高自主创新能力。构建科技产业公共服务平台，设立新兴产业引导资金和风险投资基金，集中支持重大产业创新工程和重大应用示范工程。明确主攻方向和突破口，加强关键核心共性技术研发和转化应用，促进产品由价值链低端向高端发展。围绕产业链，部署创新链，加快科技成果转化，促进产业化进程。加大引进技术力度，强化引进技术的消化、吸收和再创新，充分利用国内外创新资源。发展产学研相结合的技术创新联盟，开发具有自主知识产权的技术与产品，提升产业核心技术水平和整体竞争力，拓宽产业技术与产品应用领域。

9.3.4 统筹规划和重点突破原则

统筹规划，把握科技产业发展趋势和方向，发挥黑龙江省的比较优势，突破科技产业发展的瓶颈制约，把支撑经济社会发展需求和促进经济体质增效作为科技产业发展的战略任务，找准发展路径，立足当前、着眼长远、做优存量、做大增量。明确发展时序，不断优化产业布局，优势区域率先发展，优先发展具有资源优势和市场增长潜力的产业，科学部署重大前沿性领域，积极培育先导产业，加快形成产业发展新业态、新模式，抢占科技产业未来发展制高点，提升发展质量和水平。

9.3.5 人才驱动和科技为民原则

把科技人才作为创新驱动发展战略的动力源泉，统筹人才、项目和基地建设，通过各类人才计划、科研项目和研发基地建设培养科技领域的领军人才、学科带头人和青年拔尖人才，培育科研创新团队和创新研究群体，引进国内外高层次创新创业人才。在科技产业发展上，要与改善民生相结合，提高人民生活水平，提高科学文化素质，促进创新创业。

创新驱动内生动力全面激活，科技、教育、产业、金融紧密融合的创新体系不断完善，重大科技创新平台加快建设，研究与试验发展经费投入强度达到全国平均水平，科技创新能力显著提升，攻克一批关键核心技术，竞争新优势加速形成。科教强省建设步伐加快，科技成果高质量就地转化，科技创新支撑引领高质量发展作用显著增强。高水平建设哈大齐国家自主创新示范区，建设哈尔滨国家科技创新城市、全国大数据中心重要基地。

9.4 支撑体系建设

9.4.1 科技服务体系建设

依靠政策引导和市场机制健全科技服务体系，发展壮大科技服务机构和企业，为科技产业发展提供支撑，培育良好的科技服务生态。加强科技研发服务体系建设，依托哈尔滨工业大学、哈尔滨工程大学、黑龙江省科学院等高校、科研机构的科技创新和服务优势，加强产学研协同创新，加强科研设施和仪器设备等科技资源的开放共享，发展第三方质量安全检验检测、认证技术服务；加强技术转移服务体系建设，依托省工业技术研究院等技术转移和孵化中心，健全技术转移和孵化服务平台，打造活跃的创业孵化生态系统，完善交易市场，引导科技成果和市场、企业对接；完善知识产权服务和科技咨询体系，支持各类科技咨询机构协助产权人开展专利申请、维护和运营，以及知识产权投融资等服务，开展科技评估、科技招投标、战略和项目管理等科技管理服务，为科技企业提供咨询和配套服务，加强科技计划综合管理；健全科技金融服务体系，引导风险投资机构、天使投资基金、私募基金等进行科技产业投融资，壮大科技金融服务机构的规模和数量。

9.4.2 产业创新平台建设

加强创新主体建设，依托黑龙江省高等学校、科研院所、骨干企业等研发力量，构建产学研相结合的技术创新体系。加强重点实验室建设，支持哈尔滨工业大学、哈尔滨工程大学、东北林业大学、东北农业大学等具有基础优势的高校、科研院所、大型企业自建或联合共建实验室，争取国家重点实验室及省级重点实验室建设，以项目为载体开展关系区域经济社会发展的重大基础研究和应用研究，承担各类科技计划项目。重点围绕智能制造、航空装备制造、核电设备制造、高效节能、高性能复合材料、新型功能材料、生物医药、农产品精深加工、生态保护等优势方向和领域打造一批国家级、省级重点实验室，支持相关科技产业发展。加强企业技术中心和工程技术研究中心建设，推进科研成果工程化、产业化，依托科技实力和创新能力强大的重点企业联合高校和科研院所，对黑龙江省科技产业的产业链缺失和薄弱环节开展工程技术研究，发挥企业在技术创新中的主体作用，引导产业技术研发，引领科技产业发展。

9.4.3 科技企业主体建设

大力培育科技成果产业化载体，扶持科技型企业发展，做强科技产业主体，加强科技与经济、科技与市场的结合，引导创新要素向企业集聚，将科技创新转化为产业活动和发展动能。推动高新技术成果落地转化，快速实现产业化，成立公司，借力资本市场，条件具备时企业上市，形成科技产业。鼓励科研机构、科技人才创办企业，定期组织科技成果推介、招商活动，催生一批高新技术产业项目，建立科技型企业统计数据库，加大扶持力度，提供专业化服务。围绕哈尔滨科技创新城聚集创投机构，吸引国内外资本投资科技企业，支持地方设立创投基金，扩大天使基金和创业投资规模，建立风险补偿机制，营造孵化大批科技企业的土壤，推动企业在主板、创业板或新三板上市挂牌。对符合条件的科技企业实行税收优惠，重点支持节能环保、新一代信息技术、生物、高端装备制造、新能源、新材料、航空航天、汽车制造、互联网、物联网、云计算、大数据等产业发展。

9.4.4 产业空间载体建设

着力构建科技产业发展空间载体，支持科技园区、科技产业基地、创业社区、高新技术开发区建设，营造市场化、专业化、社会化的科技产业发展环境。重点推进科技产业园区建设，培育高新技术企业，通过园区的产业集聚和政府政策，推动以新材料、新能源、生物医药、高端装备制造、电子信息、节能环保、新能源汽车等产业为经济发展新动能，以科技服务业为重要支撑的科技产业体系。依托哈尔滨、大庆、齐齐哈尔等国家级高新区争取建设国家自主创新示范区，支持哈尔滨国家创新型城市建设。利用国家支持哈尔滨新区的政策措施，完善哈尔滨科技创新城的科技产业配套功能，发挥省级高新技术产业开发区的承载功能，推动形成科技产业集群，打造成为科技产业发展的战略支点，带动区域经济发展方式转变。

9.5 重点发展方向

根据《黑龙江省国民经济和社会发展第十四个五年规划和二〇三五年远景目标纲要》和《黑龙江省产业振兴行动计划（2022-2026年）》，以及黑龙江省资源禀赋，确定黑龙江省科技产业重点发展产业领域。

9.5.1 数字经济产业

以加强数字技术创新应用为主引擎，以培育壮大数字产品制造业为主动力，以全方位提升传统产业数字化赋能为主阵地，加快构建首尾相连、内外联动、线上线下融合的黑龙江数字经济产业集群，打造东北地区数字经济发展新龙头。突出数字经济科技创新。围绕产业链部署创新链，打造高校院所、科研机构、军工企业等数字技术创新策源地，加快建立以企业为主体、市场为导向、产学研深度融合的成果转化体系。依托哈尔滨工业大学、哈尔滨工程大学等高校院所科技人才优势，加强与中国科学院、中国工程院等国家科研院所合作，引进领军团队参与省重大科技项目，加强前沿基础研究。依托哈大齐自主创新示范区等创新载体，搭建人工智能、新型传感器等创新平台，超前部署人工智能、数字孪生、元宇宙、区块链等重大项目，开展应用技术攻关。依托行业龙头企业组建数字产业联盟，促进科技成果转化与产业发展需求的精准对接，加快推动科技成果转化应用。培育壮大数字产品制造业。做大做优存量，推动中电科49所、新光光电、博实机器人等重点骨干企业提升能级，做强做实增量，以重大项目为牵引积极引进省外数字产业化行业龙头企业，加快培育生成新的数字产品制造业，构建具有核心竞争力的数字产品制造业产业链，建成数字产业化北上制造基地和出口加工基地。

9.5.2 生物经济产业

打造黑龙江生物经济"创新支点"，推动生物技术、生物产业、生物经济一体化发展，加快生物医药产业产品更新迭代，规模扩量升级，促进生物发酵产业深度开发高端产品，延伸发展酶制剂等新兴产业，培育壮大生物农业等特色产业，着力建设生物医药、生物制造、生物农业3个千亿级产业集群和生物能源、生物环保、生物医学工程3个百亿级产业示范基地。大力发展生物产业新领域。积极引进头部企业和科研团队，创新发展基因工程、蛋白质工程、组织工程、干细胞工程、类脑及人工智能等生物工程，加快基因编辑、表达调控、细胞遗传、生物信息、组学大数据、免疫治疗等技术应用，促进科技成果就地转化，培育壮大新产业。落实"向植物动物微生物要热量、要蛋白"的要求，大力发展动物干细胞培养"人造肉"、大豆蛋白肉、微生物菌体蛋白等生物制造产品。抢抓哈尔滨生物医药产业纳入国家战略性新兴产业集群等机遇，把哈尔滨市打造成为具有国际竞争力和东北亚区域带动力的生物经济新高地，构筑全省生物产业引领极。

发展生物技术药物、化学药品与原料药、现代中药研发与生产，依托哈兽研、哈药集团、葵花药业、誉衡药业、大庆福瑞邦药业、珍宝岛药业、友博药业等重点龙头企业推动创新药、专利药研发和产业化，提升生物医药产能规模和竞争力。充分利用哈尔滨利民生物医药产业园区、大庆生物产业园区等重点园区，推动哈尔滨国家生物医药产业集聚发展试点城市建设，打造医药产业集群。

9.5.3 电子信息制造产业

积极发展电子设备及电子元件、器件、仪器、仪表等产业，推动产业集群化、特色化、高端化发展。加快发展新型电子元器件等制造业。依托哈尔滨中能、科友半导体、博睿创富、中电科49所等国内领先企业，加强电子元器件及专用材料关键技术研制，加快发展单晶硅、电子陶瓷、压电晶体与薄膜材料、锂离子嵌入材料等电子信息材料研发产业化。积极拓展先进传感器、集成电路、电子材料等上下游产业链条，积极引进国内电子信息芯片及整机制造领军企业，重点发展计算芯片、存储芯片、国产自主可控芯片等电子元器件及机电元器件，建设电子元器件制造业研发基地和产业集群。做大做强电子专业设备制造业。加快电子雷达、电子测量仪器、电子工业专业设备等产品上下游产业链配套、先进制造工艺研发和生产能力升级。

发展现代信息技术产业，依托哈工大科技园、哈工程科技园、地理信息产业园、航天恒星、哈理工科技园等培育发展卫星应用、新一代信息技术和空间探测技术溢出产业。建设国家高分卫星中心和资源卫星应用中心，建立卫星数据基础平台。与中国电子科技集团合作，建设微机电系统化学传感器产业化基地。建设空间激光通信研发基地，建立地理信息服务与应急保障体系，推进航天遥感、卫星导航与定位和地理信息技术成果综合应用，加快新一代信息技术与制造业深度融合，积极推进智能制造。

9.5.4 高端装备制造产业

推进信息化和工业化深度融合，全面对接《中国制造2025》，通过技术创新、产品创新，促进装备制造业智能化、高端化，把黑龙江省打造成先进装备制造业基地和重大技术装备战略基地。依托哈电气集团、一重集团、哈空调、九洲电气、哈尔滨变压器厂等，发展智能电力装备产业，提高电力装备先进制造水平；依托哈飞集团、东安集团、哈工大卫星技术、空间光通信技术、电子工程技术等研究所发展航空航天装备产业，重点发展航空发动机、燃气轮机、直升机、航天器、飞行器、无人机等产业；依托齐轨交通、哈尔滨轴承、哈一机等企业发展轨道交通及重型装备产业，齐重数控、齐齐哈尔二机床、哈量集团、哈工大机器人集团、哈工大焊接集团、博实股份等发展高档数控机床和机器人产业；依托哈尔滨长安福特汽车、大庆沃尔沃、富通空调、齐齐哈尔龙华、光宇蓄电池等企业发展新能源汽车和节能汽车产业；依托齐齐哈尔一拖、佳木斯迪尔佳联、哈尔滨约翰迪尔、大庆爱科、七台河勃农等企业发展现代农机制造、智能电控系统产业；依托中船重工703所、哈电气集团、哈尔滨工程大学、哈船动力公司、哈船导航公司、哈船智能装备公司发展海洋工程装备产业，重点发展水下机器人、海底装备、通信导航定位系统、电控系统等产业。

9.5.5 新材料产业

充分利用黑龙江省资源优势和研发基础，发展先进基础材料、关键战略材料、前沿新材料等产业，依托哈焊接所、哈玻璃钢所、哈飞空客复合材料中心、天顺公司、航天科工三院钛合金与3D打印技术产业基地、鸡西贝特瑞、鸡西奥宇（星）等企业和研究机构，重点发展特种金属新材料、高性能纤维及复合材料、半导体新材料、化工新材料，推进产业规模化、高端化发展。做大生物基材料产业，加快开发生物基纤维、膜和多孔，打造千亿级生物基新材料合成生物产业基地。做细高分子材料产业。提高高性能塑料、树脂、橡胶及弹性体、高端聚烯烃、特种工程塑料、胶黏剂等产业规模，推广在装备、商用大飞机等领域应用。做深复合材料产业。扩大碳化硅/铝、玻璃钢等复合材料产业规模，积极拓展在惯性仪表、空间光学、微波通讯、航空航天等领域的应用。

9.5.6 资源精深加工产业

依托优势资源，延伸产业链条，发展资源精深加工产业，建设国家新型原材料基地。加快石墨、钼等产业链发展，打造高端石墨和钼产业，形成鸡西、鹤岗石墨新材料产业集群和大小兴安岭钼产业集群。加强铜、金、高岭土等矿产资源开发。深化与中央企业和大型民营企业合作，争取在大庆市和煤城布局精细化工产业，围绕石化、煤化源头产品，大力发展高端精细化工产品。拉长育壮石墨精深加工产业链，发展配套供应链和衍生产品链，使原料变成材料，材料变成产品，促进石墨产业向集群化、高端化、绿色化、多元化发展，建设全国最大的石墨产业基地，把石墨产业打造成为千亿级产业，把资源优势转化为经济发展优势，推动资源型城市转型升级,加快建设工业强省。

9.5.7 智慧农业产业

建设农业生产数字化示范基地,打造农业物联网应用示范省、全国数字农业先导区,智慧化水平全国领先。加快构建农业生产数据采集体系,开展农业物联网标准化建设试点,建设一批智慧农牧业特色示范区。建立农业气象灾害、生物灾害、生态环境灾害、供需严重失衡等风险数字化预警监测平台,建设农业应急指挥数字化体系。提高农机装备智能化水平,发展高精度农机作业导航监测、植保无人机航化作业,做大做强农机装备产业。健全农产品质量安全检验检测体系,强化农产品质量安全风险监测和评估,完善省农产品质量安全溯源公共服务平台,强化与国家平台对接。

9.5.8 创意设计产业

充分发挥哈尔滨作为"哈长城市群"中心城市、"一带一路"对俄合作中心城市、"中－蒙－俄经济走廊"重要节点城市,把文化创意、创新融入城市发展理念,以冰雪、动漫及短视频、云展演、高端装备、生物医药为重点,发展"总部设计＋区外制造"模式,将哈尔滨创建为联合国全球创意城市网络"设计之都"。打造哈－大－齐、哈－牡－佳两条区域创意设计产业廊道,建设齐齐哈尔、大庆、牡丹江、佳木斯等四个创意设计产业集聚区。全方位拓宽龙粤、深哈合作广度和深度,把握建设中国(黑龙江)自由贸易试验区有利契机,以俄罗斯为重点,面向东北亚、欧洲建设高层次宽领域合作载体,推动"龙江设计"走出去,打造全球创意设计网络重要节点、东北亚创意设计新高地。

9.5.9 冰雪装备产业

打造哈尔滨智能高新冰雪装备器材研发制造集群,重点发展哈尔滨鸿基索道、哈尔滨乾卯雪龙体育用品、黑龙江天行健体育科技等企业,打造雪场设施装备、冰场设施装备、冰雪运动器材、冰雪体育场馆装备、维护保养装备、竞赛装备器材、竞技竞赛服装、智能训练系统、辅助训练系统、办赛装备器材等类型的产品体系。支持哈工大机器人技术与系统国家重点实验室建设,加强冰雪装备材料技术研究,开展高新冰雪装备器材研发创新和设计,推进冰雪智能训练、冰雪智能辅助训练系统产学研一体化发展,重点研发滑雪场提升设备、冰雪器材装备制造、智能穿戴装备、智能滑雪平台。推进数字技术覆盖冰雪运动全场景、全流程，丰富线上冰雪赛事直播、冰雪运动电竞等数字内容，创新冰雪产业生态体系。

9.6 黑龙江省科技产业发展的对策建议

黑龙江省科技产业发展的主要任务是：加强基础设施建设，创新体制机制，释放经济发展活力；促进"互联网+"与产业融合，拓展网络经济空间；提高科技创新能力，培育科技创新主体；推动科技企业发展，优化科技产业布局，构建科技产业体系。为保障任务的完成，提出以下建议。

9.6.1 完善科技产业政策体系，优化创新环境

黑龙江省应加大科技产业政策力度，强化科技产业发展的扶持措施。制订高水平的专项计划，树立长远的建设目标，编制规划的约束机制，合理安排各部门的任务、职责，做好项目实施、产业发展等问题按计划进行，同时建立反馈检验部门。健全科技企业服务体系，特别是要完善中介服务体系，为科技企业提供咨询等全方位服务，增强产业品牌建设。省政府要做好科技企业的认证服务工作，并支持企业积极开展相关认证。政府要根据实际财力做出评估，合理安排资金的流动方向，抽出部分资金用于支持科技产业发展。完善政策体系，健全法律法规，优化创新环境及产业结构。

黑龙江省委省政府应该根据黑龙江科技产业的发展现状和科技创新各类资源现状制定出黑龙江省科技产业发展战略总体规划，并对战略总体规划的顺利开展给予相应的保障机制。同时也应该对战略总体规划进行拆分，行成各项专项规划，分配给各个相应负责部门，并建立起对规划实施情况的检查、评估、反馈和奖惩制度；应完善黑龙江省的投融资政策，建立以财政拨款和金融资本投资相结合的模式对黑龙江省科技产业进行扶持。政府以政策的方式放宽科技产业的融资渠道、银行放宽贷款条件和利率，多渠道多方式地解决科技企业发展之初和发展过程中的资金难的问题；应该加大黑龙江省科技产业园区和集群的基础设施建设，加大对科技产业园区和集群相配套相适应的综合基础建设方面资金投入，进一步完善和发挥基础设施的功能，为科技产业的快速平稳发展提供基础保障；完善黑龙江省科技人才建设的相关政策制度，鼓励高校和科研机构研究人员到企业实践挂职、创新创业，加大国内外人才引进的力度，促进黑龙江省科技人才能力的提升；引导高校、科研机构和企业合作，共享科研成果，促进科技成果产业化发展；

鼓励和引导科技企业在企业内部建立专门的人才培养体系和制度；完善企业内部科技人才队伍建设体系；完善知识产权保护，对知识产品侵权问题进行严厉打击处罚，使得各个企业不敢逾越知识产权的红线，创造良好的文化环境。

9.6.2 充分发挥科技金融作用，引导资金向科技企业集聚

首先在融资上给予倾斜，确保金融机构发挥价值，在一定时期内保证每年或几年给予其固定的资金支持，对科技企业贷款给予一定的优惠政策，支持科技产业的发展。同时，中介机构、金融机构、政府等可共同组成企业信用评级机构，帮助金融机构与科技企业之间建立沟通桥梁，使信息传递更加畅通、真实。其次，积极引进各种投资基金等向科技企业聚集，政府对扶持科技产业发展的投资机构也应给予一定的优惠政策，鼓励其为社会做出贡献，并对黑龙江省注册的支持科技企业的投资机构，在原本优惠政策的基础上再给予一定的补贴、优惠等措施，以促进科技产业发展。最后，政府积极向科技企业入股，在企业的决策上有一定的知情权和话语权。

9.6.3 充分利用科技资源，加强产学研结合力度

推动研发机构、政府相关部门以及科技实力较强的企业共同组成科技创新联盟，促进企业研发机构相互合作。发展科技中介机构，提升公共服务水平，支持科技中介机构的发展，充分发挥科技中介机构在咨询服务、技术评估、技术服务等方面的价值，起到信息渠道的作用，促使科研机构与企业间的合作，并且政府也要对产学研结合做出贡献的中介机构给予优惠政策。强化科研成果的认定，严格按照相关程序进行评定等级，对发展前景较好、市场广阔、预期效益好、科学技术先进的科研成果优先转化生产力，政府也应给予一定的资金扶持。完善科研创新网络平台，及时在网络平台上更新信息，使信息更加迅速地传递出去，充分发挥产学研相结合的价值。

完善产学研协同发展模式，加快科技成果的研发和科技成果产业化发展的速度，加快黑龙江省科技产业的发展水平；完善科技中介机构相关制度环境，提升公共服务水平，促进产学研协同发展的速度。政府要从制度方面对科技中介组织的发展进行指导和支持。如对科技产业发展帮助较大的科技中介组织应该给予优惠鼓励政策等，加大对科技中介机构的发展力度，充分发挥科技中介机构在咨询服务、技术评估、技术服务等方面对科技产业发展的促进作用，促进科技中介组

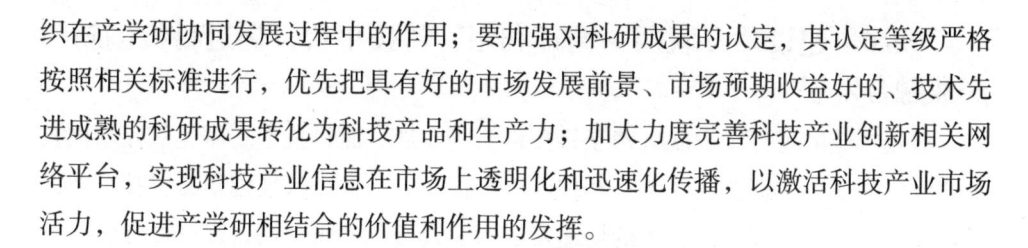

织在产学研协同发展过程中的作用;要加强对科研成果的认定,其认定等级严格按照相关标准进行,优先把具有好的市场发展前景、市场预期收益好的、技术先进成熟的科研成果转化为科技产品和生产力;加大力度完善科技产业创新相关网络平台,实现科技产业信息在市场上透明化和迅速化传播,以激活科技产业市场活力,促进产学研相结合的价值和作用的发挥。

9.6.4 打造科技产业集群发展创新平台

应该加快黑龙江省科技创新体系建设,加强黑龙江省科技基础创新能力和核心技术攻关能力。首先结合黑龙江省的自然资源特色实施一系列具有黑龙江特色和优势的科技项目研发工程,鼓励和支持高校、科研所、科技企业结合黑龙省资源特色在一些前沿性科技领域进行核心技术和关键技术攻关,突破一批关键核心技术和战略产品;其次黑龙江省应该大力实施国家重点实验室倍增计划,增加国家在黑龙江建设的国家级实验室的数量,积极依托黑龙江的自然资源特色,争取建设一批石墨烯、金属新材料、航空航天材料、生物医药、科技农业等国家级研发实验室,为黑龙江省科技产业集群提供技术和产品支持。大力发展企业自主创新能力,形成科技产业集群发展的良好态势。加大黑龙江省科技产业的产业规模,对黑龙江省入库的科技产业加强培育、引导增量,加强对入库科技企业的高新技术研究的投入,加大创新型企业对自主知识产权研发、人才培养引进、新产品研发、创新能力培养等方面建设的支持。多渠道多方式对科技产业发展提供帮助,支持和引导科技产业做大做强,促进科技产业集群发展创新平台的建设。

9.6.5 加强地区间的交流与合作,资源共享优势互补

首先,推动省域间相关部门间建立沟通渠道,特别是与周边辽宁省、吉林省,以及发达地区,如广州、浙江等省份建立联系,了解其他省市有关科技企业优惠政策。与其他省市组建招商引资机制,共同交换招商引资信息,提高招商引资效率,优化产业结构,缓和省市之间的竞争关系,相互合作,共同发展。其次,积极组建省市之间的科技企业合作联盟,相关部门也鼓励跨区域的科技产业团结与合作,支持科研创新,最终实现双赢的目的。最后,政府有关部门聘请国内知名专家、学者担任顾问,组成科学家顾问团,建立有效的沟通渠道,为相关省市的科技企业提供咨询服务,组织经常性的、跨区域的科技企业与专家学者对接会,使其联系更加紧密。

9.6.6 建设"互联网+循环利用"科技平台,促进科技创新与产业融合发展

科技产业的可持续发展有赖于科技创新的发展,而科技创新需凭借互联网技术建设资源循环与资源的系统化利用的综合性平台,促进科技创新与科技产业的融合发展。当前的互联网技术的快速发展为实现资源的再利用、促进循环经济的发展、加速产品流通进程、开发新的可再生资源铺平了道路。建设地区性、全国性甚至世界性的科技创新与产业发展融合平台,不仅可以促进各地区针对资源的循环利用进行合作,还可以加速科技产业的科技创新。这样不仅实现了科技成果与产业发展的有机统一,还在一定程度上提高了科技产业的经济发展。"互联网+循环经济"发展平台的主要服务对象是各个企业以及全产业链上下游的供求厂商,为他们提供资源交流合作的平台。通过研究产业园的循环经济发展经验,我们可以从中得到有关可以产业循环经济发展的启示。以循环经济发展的要求为战略导向,以产业自身为发展主体,同时提供多个与科技产业高度关联的产业与其对接,从诸如技术创新、生产设备优化升级、绿色生产等多个方面促进整个产业链为循环经济发展进行合作。不管是对资源的重复利用、将生产废物转化为再生产的原料、绿色生产还是推动共享经济与打造绿色的消费环境,都会在全产业链形成关系密切、相辅相成的、符合绿色经济发展要求的新型的产业合作模式,为科技产业的循环经济发展拓宽发展空间。互联网与循环经济发展的联合,一方面可以在很大程度上提升科技产业循环发展的速度,这对于科技产业的研发成股票商业化作用明显;另一方面,为循环经济的产出进行卓有成效的宣传推广,有助于科技产业在国内外的交流与合作。

作为我国科技创新与经济发展的重要构成要素的平台建设,主要是指包含高等科技类院校、科研院所、科技园等符合当前我国市场经济的发展规律以及科技产业自身发展规律的区域性的为产业技术创新服务的平台。科技创新载体平台是建设与聚集科技创新资源的综合开发区。健全、有效的技术创新载体平台对于科技创新的意义重大,一方面创新资源的聚集不断提升地区创新活动效率,另一方面,为整个地区的自主研发能力提供重要保障。区域性的技术创新载体建设能力对于区域整体的自主创新能力有直接的影响作用。

建设科技创新与产业发展融合平台就是建设企业与政府、市场、高校等科研院所相联系的纽带。其重要作用体现在一方面可以集聚现有的与创新有关的资源

和要素、根据科技创新的实际需求，以此为基点进行相关信息的搜集与分析，另一方面在创新活动的规模化方面，促进基础设施完善、加速推进创新知识的整合与共享，最后将大幅度提高对科技创新活动的规模化管理以及提升科技创新活动与科技产业生产效率。通常来说，建设科技创新与产业发展融合平台在很大程度上可以提高现有资源的使用效率，达到整合资源的目标。在另一个角度上平台的建设提高了企业的运行管理成效，减少企业创新活动的成本支出，降低创新主体间因利益问题而发生摩擦的可能性，以此直接降低科技产出的成本。值得注意的是将国有企业作为技术活动的核心、产学研相结合的企业自主创新的技术创新体系，以专业科研院所、高等院校的科研机构为技术研发核心的自有知识产权的技术研发系统，都对企业自身的自主研发、自主创新方面发挥了重要推动作用。除此本地区的创新主体之间的技术交流，平台的建设为不同地区的企业开展沟通交流以及有关技术创新活动的信息共享提供可能，降低不同区域创新主体间因信息的不对称所造成的技术创新活动减慢，加速科技产业的技术创新活动的融合发展以及科技产品的不断更新。

参考文献

[1] 隋映辉. 市场需求导向与科技产业发展 [J]. 学术研究, 2000(10):36-39.

[2] 舒春, 綦良群, 常伟. 日本、美国、中国三国高新技术产业政策的比较分析 [J]. 科技与管理, 2004(5):20-22.

[3] 解学梅, 曾赛星. 科技产业集群持续创新能力体系评价 [J]. 系统管理学报, 2008(3):241-247.

[4] 江三宝, 张惠萍, 司梦荣. 美国政府支持高技术产业发展的主要做法 [J]. 科技管理研究, 2002(6):55-57.

[5] 余永跃. 高新技术产业发展模式的历史考察 [J]. 江汉论坛, 2001(6):40-43

[6] 刘志高, 李奇明, 刘家国. 台湾科技产业发展战略与政策措施 [J]. 情报杂志, 2002(9):110-112.

[7] 李华, 许有志, 佘元冠. 高技术产业化政策对我国企业竞争能力的影响分析 [J]. 科技进步与对策, 2012(14):94-97.

[8] 魏玮, 毕超. 促进科技企业发展的金融支持体系建设研究 [J]. 科技进步与对策, 2011(17):106-110.

[9] 陈继海. 世界各国产业集聚模式比较研究 [J]. 经济纵横. 2003(6):33-35.

[10] 毛健. 我国科技产业发展的多方融资问题研究 [J]. 经济纵横, 2007(7):24-26.

[11] 孙学琛. 发展高新技术产业的政府管理模式 [J]. 中国高新技术企业评价, 1998(2):66-69.

[12] 党兴华, 赵晓洁. 公共财政支持科技产业发展的效率评价研究 [J]. 科研管理, 2007(3):66-70.

[13] 胡明勇, 周寄中. 政府资助对技术创新的作用:理论分析与政策工具选择 [J]. 科研管理, 2001(1):31-36.

[14] 孔凡瑜, 周柏春. 中国科技政策发展:理路与探微 [J]. 知与行, 2017

(11):131-135.

[15] 中国科学技术发展战略研究院课题组,孙福全.国内外科技治理比较研究[J].科学发展,2017(6):34-44.

[16] 刘永林.英法德三国科技政策的演变及对我国的启示[J].科学管理研究,2014,32(4):113-116.

[17] 马可.日本科技政策的历史沿革[J].科技信息,2010(27):114-115.

[18] 王晓明.德国科技政策演变对我国科技发展战略的启示[J].邵阳学院学报(社会科学版),2009,8(6):21-24.

[19] 王珍燕.中美日科技政策的形成与发展研究[D].重庆:重庆师范大学,2008.

[20] 胡锦涛.坚定不移沿着中国特色社会主义道路前进,为全面建成小康社会而奋斗[N].人民日报,2012-11-08.

[21] 习近平.全面建成小康社会,争取新时代中国特色社会主义伟大胜利——在中国共产党第十九次全国代表大会上的报告[M].北京:人民出版社,2017.

[22] 解学梅,隋映辉.科技产业集群持续创新的周期演化机理研究[J].科研管理,2008(1):107-144

[23] 赵冬梅,孙继强,姜丽萍."四众"新模式下科技园区发展动力转换问题研究科技管理研究,[J].2016,36(22):28-133.

[24] 陈万里.为区域重点产业发展提供人才保证的策略思考[J].党建研究,2007(6):30-32.

[25] 魏纪林,郭建平,李凤宁.湖北省科技园区产业布局、产业政策与人才政策的创新与完善[J].高科技与产业化,2009(7):106-108.

[26] 廖志豪.基于素质模型的高校创新型科技人才培养研究[D].上海:华东师范大学,2012.

[27] 陈晓红,周源,许冠南,等.产业集群向创新集群升级的影响要素和路径研究——以广东昭信科技园区为例[J].中国管理科学,2013,S2(21):751-756.

[28] 孟棋.基于产业集聚视角的新兴产业发展研究[J].科学管理研究,2011(4):9-12.

[29] 孔源. 基于我国科技中介机构发展的思考 [D]. 昆明：云南师范大学，2013.

[30] 关雪凌. 美国 301 调查与中国高新科技产业的发展 [J]. 人民论坛，2018(12):31-33.

[31] 刘毅. 国内外科技创新中心发展经验与目标定位的比较分析——兼议广东加快建设科技产业创新中心的若干路径 [J]. 科技创新发展战略研究，2017，1(1):20-25.

[32] 刘海鹰. 科技创新区域集聚及其对新兴产业催生效应研究 [J]. 科学管理研究，2017，35(1):55-58.

[33] 曾丽君，隋映辉，申玉三. 科技产业与资源型城市可持续协同发展的系统动力学研究 [J]. 中国人口·资源与环境，2014，24(10):85-93.

[34] 王新红. 我国高新技术企业融资效率研究 [D]. 西安：西北大学，2007.

[35] 李颖. 分层视角的科技产业与金融结合路径探析 [J]. 产经评论，2011(3):12-24.

[36] 王兰芳，胡悦. 创业投资促进了创新绩效吗？——基于中国企业面板数据的实证检验 [J]. 金融研究，2017(1):177-190.

[37] 张同斌，高铁梅. 财税政策激励、高新技术产业发展与产业结构调整 [J]. 经济研究，2012，47(5):58-70.

[38] 綦开军，王晓红，毕克新. 高校科技产业现状与发展趋势分析 [J]. 中国高教研究，2005(7):91-92.

[39] "高技术产业投融资体系问题研究"课题组，宋立. 高技术产业投融资体系问题研究（总报告）[J]. 经济研究参考，2005(84):4-16.

[40] "高技术产业投融资体系问题研究"课题组. 我国高技术产业投融资体系及政府在其中的作用 [J]. 经济研究参考，2005(85):4-17.

[41] 王利清，于淼. 高校科技产业自主创新的动力机制分析 [J]. 科学管理研究，2014，32(2):29-31.

[42] 房春雨. 黑龙江省科技服务业发展现状浅析 [J]. 商业经济，2018(5):11-12，20.

[43] 薛婧. 高校科技成果转化助力产业转型升级 [N]. 黑龙江日报，2018-05-04(6).

[44] 翁凌燕.新形势下对地方高校科研院所发展高新科技产业的思考[J].科技视界，2017(12):118,104.

[45] 金明浩.高校科技产业组织模式创新研究[J].教育现代化，2017，4(2):21-23,29.

[46] 郎海凤.黑龙江省产业结构调整背景下龙江高校人才培养结构优化研究[D].大庆：东北石油大学，2016.

[47] 刘娜娜，王效俐，韩海彬.高校科技创新与高技术产业创新耦合协调发展的时空特征及驱动机制研究[J].科学学与科学技术管理，2015，36(10):59-70.

[48] 胡罡，章向宏，刘薇薇，等.地方研究院：高校科技成果转化模式新探索[J].研究与发展管理，2014，26(3):122-128.

[49] 伍玉林.黑龙江科技创新主体及其能力培养研究[D].哈尔滨：哈尔滨工程大学，2011.

[50] 卢尚坤.黑龙江省高校科技创新能力评价研究[D].哈尔滨：哈尔滨工程大学，2010.

[51] 华克思.区域产业转移作用机理与发展路径研究[D].合肥：中国科学技术大学，2017.

[52] 谢宝禄.黑龙江省产业结构调整问题研究[D].北京：中国社会科学院研究生院，2017.

[53] 王琦，韩平.黑龙江省科技园区产业集群发展对策研究[J].商业经济，2012(24):7-8.

[54] 曹永辉.国家创新型城市科技产业人才政策研究[D].合肥：安徽大学，2014.

[55] 朱斌.台湾"开放型"科技产业政策研究[J].科学学研究，2001(1):58-63.

[56] 朱佳.佛山市金融科技产业融合发展政府作用研究[D].广州：华南理工大学，2017.

[57] 朱俊杰，王彦西，张泽义.金融科技发展对我国产业结构升级的影响[J].科技管理研究，2017，37(19):31-37.

[58] 李政，杨思莹.科技创新、产业升级与经济增长：互动机理与实证检验[J].吉林大学社会科学学报，2017，57(3):41-52

[59] 翟金良. 中国农业科技成果转化的特点、存在的问题与发展对策 [J]. 中国科学院院刊, 2015, 30(3):378–385.

[60] 杨善林, 郑丽, 冯南平, 等. 技术转移与科技成果转化的认识及比较 [J]. 中国科技论坛, 2013(12):116–122.

[61] 德国打造工业 4.0: 信息互联与传统工业相结合 [J]. 变频器世界, 2014(8):32.

[62] 陈玉萍, 高强, 谢家平. 研发国际化与企业创新绩效: 吸收能力的调节作用 [J]. 上海对外经贸大学学报, 2020, 27(6):113–122.

[63] 李宏伟, 刘杨. 基于"地方性知识"的科学文化反思 [J]. 贵州社会科学, 2018(12):23–27.

[64] 董宝奇, 王聪, 王宏伟. 科技政策效果评估的理论及方法综述 [J]. 科技和产业, 2019, 19(12):89–94, 171.

[65] 季凯文, 龙强, 周吉. 江西降低科技创新成本的障碍与策略 [J]. 中国国情国力, 2017(4):55–57.

[66] 陈萌. 信息不对称与科技型中小企业融资问题探讨 [J]. 江苏科技信息, 2017(10):7–8.

[67] 高闯. 黑龙江省 A 高科技产业投资有限公司发展战略研究 [D]. 大庆: 东北石油大学, 2019.

[68] 朱安冬. FDI 技术外溢对我国高技术产业发展的实证分析 [J]. 环渤海经济瞭望, 2020(10):58–59.

[69] 张炳辉, 冯梦茹. 我国高技术产业人才集聚影响因素实证研究 [J]. 长春金融高等专科学校学报, 2020(5):63–70.

[70] 惠树鹏, 杨睿文, 单锦荣. 创新资金投入结构与高技术产业创新效率 [J]. 技术经济, 2020, 39(9):181–188.

[71] 吴莉云. 浙江省高技术产业发展的就业效应研究 [J]. 农村经济与科技, 2020, 31(17):224–226.

[72] 尤瑞玲. 制度质量与高技术产业集聚——基于面板门槛模型的实证研究 [J]. 技术经济与管理研究, 2020(11):10–15.

[73] 苏鸿儒, 刘伟政, 卢晓程, 等. 高等教育、科技创新与经济增长关系研究——以广东省为例 [J]. 中国经贸导刊（中）, 2020(12):160–163.

[74] Meadows D H, Randers J, Meadows D J.Limits to growth:the 30-year update[J].World Future Review, 2005, 201(1):12-27.

[75] 杨建新, 王松如. 产业生态学理论探讨[J]. 城市环境与城市生态, 1998, 11(2):56-60.

[76] 诸大建. 从可持续发展到循环经济[J]. 世界环境, 2000(3):6-12.

[77] 陈翔, 肖序. 中国工业产业循环经济效率区域差异动态演化研究与影响因素分析——来自造纸及纸制品业的实证研究[J]. 中国软科学, 2015(1):160-171.

[78] 李斌, 曹万林. 环境规制对我国循环经济绩效的影响研究——基于生态创新的视角[J]. 中国软科学, 2017(6):140-154.

[79] 曲格平. 发展循环经济是21世纪的大趋势[J]. 当代生态农业, 2002(Z1):18-20.

[80] 王松如, 周涛, 陈亮. 产业生态学基础[M]. 北京: 新华出版社, 2006.

附录 黑龙江省科技产业重点发展方向和重点项目

根据《黑龙江省国民经济和社会发展第十三个五年规划纲要》，附表如附表1～附表5所示：

附表1 高端装备制造业重点发展方向和重点项目

重点发展方向	重点布局区域	重点开发产品	重点项目
电力装备	哈尔滨市、齐齐哈尔市、佳木斯市、大庆市	超超临界超净排放煤电机组、超临界循环流化床锅炉、高水分褐煤取水煤电机组、超超临界空冷汽轮机；超大容量水轮发电机组、高水头大容量大型抽水蓄能机组；核电汽轮机、核主泵机组、核电蒸发器、60万千瓦快堆、CAP反应堆压力容器；电站用高性能天然气发动机、光热发电设备	哈电集团大型高效超净排放煤电机组、超大容量水电机组、核电汽轮机核心能力建设、核主泵机组制造基地、哈工程电站用高性能天然气发动机基础研发平台、中船重工703所燃气轮机和光热发电设备生产等项目
航空航天装备	哈尔滨市	先进直升机、发动机传动系统、大飞机构件等飞机部件，飞机拆解	哈飞集团直升机、Y12F、东安发动机传动系统、哈飞空客复合材料制造中心、东安-意大利AVIO公司合资等项目，哈尔滨大飞机拆解基地
轨道交通装备	哈尔滨市、齐齐哈尔市、牡丹江市	重载快捷铁路货车及关键部件；城市轨道交通关键部件	齐轨交通中交叉转向架制造能力提升、瑞兴科技铁路列控系统装备产业化、哈轴集团轨道交通装备轴承等项目
机器人	哈尔滨市、牡丹江市	搬运机器人、焊接机器人、洁净机器人、移动机器人等工业机器人；医疗机器人、清洁机器人等服务机器人	哈工大机器人产业集群、国家机器人及智能装备检测中心、国家焊接机器人数字化生产车间、中科院牡丹江等离子体智能医疗装备、牡丹江特种机器人等项目

续表

重点发展方向	重点布局区域	重点开发产品	重点项目
高档数控机床	齐齐哈尔市	精密、高速、高效、柔性高档数控机床及关键功能部件	齐重数控总体技术升级改造、数控机床精密功能部件产业化、工大华工重型数控机床用大扭矩力矩电机及高精度感应同步器产业化项目
汽车	哈尔滨市、大庆市、齐齐哈尔市、牡丹江市	节能汽车、新能源汽车，汽车发动机、新能源汽车电池等核心部件	沃尔沃SPA平台和L541、长安福特哈尔滨乘用车生产基地、光宇电源电动车锂电池及系统集成、富通空调电动压缩机、东安发动机铝镁合金铸造等项目
农机装备	哈尔滨市、齐齐哈尔市、佳木斯市、大庆市、七台河市	精密种植机械、140马力及以上玉米收获机械、大型农机具等	现代农业机械综合试验基地、中凌液压自走式玉米收获机技术改造、农大钵苗移植设备产业化、勃农兴达大马力拖拉机配套农机具等项目
海洋工程装备	哈尔滨市、齐齐哈尔市	船舶关键部件、海底装备等	哈船动力船舶发动机综合电控系统研发及产业化、哈船航海公司综合导航系统、一重集团海底装备锻件等项目

附表2 资源精深加工产业重点发展方向和重点项目

重点发展方向	重点布局区域	重点开发产品	重点项目
石墨	鸡西市、鹤岗市	高纯石墨、锂电池负极材料、石墨烯等深加工产品	普莱德锂离子电池负极材料及石墨深加工、普莱德锂离子动力电池电芯及系统集成、中铁石墨深加工、贝特瑞石墨深加工、密山年产1000万平方米石墨散热膜等项目
钼	伊春市、大兴安岭地区	钼精矿、钼铁、氧化钼、钼制品等新材料	伊春鹿鸣钼矿精深加工、大兴安岭松岭区岔路口钼矿开发及深加工等项目
铜、金、高岭土	齐齐哈尔市、黑河市	电解铜、铜材等深加工产品，陶瓷产品	10万吨铜冶炼、富拉尔基铜产业园、逊克东安金矿采选、依安陶瓷工业园等项目

续表

重点发展方向	重点布局区域	重点开发产品	重点项目
石化	大庆市、哈尔滨市、绥化市	乙烯、丙烯、芳烃等	大庆石化120万吨乙烯原料保障、大庆炼化千万吨炼油百万吨聚丙烯扩能改造、俄油俄气加工利用、神雾集团煤及天然气制烯烃、阿穆尔-黑河边境油品储运与炼化综合体（加工项目建设地点为大庆市）、环氧乙烷、环氧丙烷、C4烷基化、苯酚丙酮、甲基丙烯酸甲酯等项目
煤化工	双鸭山市、鹤岗市、七台河市、鸡西市	煤制烯烃、煤制芳烃、煤制油、焦炉煤气综合利用等	天泰10万吨芳烃、宝泰隆30万吨稳定轻烃、180万吨甲醇转60万吨烯烃、百万吨煤制油、永庆褐煤分质利用、神华国能20万吨腐植酸/褐煤蜡、双鸭山鸿森1000万吨褐煤热解提质多联产、隆鹏新能源焦炉煤气制LNG、鸡西中石化20亿立方米煤制天然气、鹤岗中石化煤基多联产等项目

附表3　新材料产业发展方向和重点项目

重点发展方向	重点布局区域	重点开发产品	重点项目
特种金属新材料	哈尔滨市、大庆市、齐齐哈尔市	钛合金、铝合金等	航天海鹰哈钛业公司钛合金、忠旺集团特大高精铝及铝合金板带箔、东北轻合金超大规格特种铝合金板带材、中飞核燃料设备用高性能铝合金等项目
高性能纤维及复合材料	哈尔滨市	高性能纤维材料、先进复合材料等	哈尔滨高性能碳纤维、哈飞天航空航天复合材料制品、哈玻璃钢所复合材料生产基地、中大型材节能门窗复合材料等项目
半导体新材料	哈尔滨市、七台河市	第三代半导体材料、蓝宝石及碳化硅衬底、硅基衬底材料等	秋冠光电大尺寸蓝宝石衬底、七台河奥瑞德蓝宝石视窗材料、镘宇轨道交通高性能摩擦导电材料、哈尔滨雨晶LED等项目
化工新材料	哈尔滨市、大市庆、绥化市	聚烯烃改性材料、辐射交联材料、高性能工程塑料等	鑫达集团高分子材料、省石化院先进复合材料基体树脂、天营管业给排水管材、方正香港龙钰硅材料工业园等项目

附表4　生物医药产业发展方向和重点项目

重点发展方向	重点布局区域	重点开发产品	重点项目
生物技术药物	哈尔滨市、大庆市、牡丹江市	基因工程药物、疫苗和诊断试剂等	福瑞邦基因工程肽类药物、誉衡药业生物药基地、哈尔滨壹加壹干细胞工程技术中心、哈尔滨派斯菲科凝血因子类产品产业化、东北地区临床用细胞制备中心、牡丹江佰佳信生物科技产业园等项目
化学药品与原料药	哈尔滨市、大庆市	抗生素原料以及中间体、粉针剂等	哈药集团制药总厂二厂区搬迁、格林赫思二期年产200吨人药硫酸庆大霉素、哈尔滨天地药业儿童口服液生产基地等项目
现代中药	哈尔滨市、大庆市、牡丹江市、鸡西市	麝香脑脉康胶囊、注射用骨瓜提取物、芪蛭胶囊、熊胆粉等	哈尔滨圣泰中药提取车间建设及冻干粉针剂扩产改造、中药四厂芪蛭胶囊产品GMP生产基地、乐泰药业生产基地、绿色草原牧场板蓝根深加工、黑宝药业熊胆粉产业化、珍宝岛药业鸡西二期等项目

附表5　大数据战略重点工程

工程名称	重点任务
公共服务大数据工程	1.医疗健康服务大数据。建设电子健康档案、电子病历数据库，建设医疗健康管理和服务大数据应用体系 2.社会保障服务大数据。建设城乡统一的社会救助、社会福利、社会保障大数据平台，推动大数据在劳动用工和社保基金监管等方面的应用 3.教育文化大数据。完善教育管理公共服务平台，推动教育基础数据伴随式收集和应用 4.交通旅游服务大数据。建设综合交通服务大数据平台，提升协同管理和公共服务能力，开展出行信息服务、交通诱导等增值服务

续表

工程名称	重点任务
工业大数据示范应用工程	1.工业大数据。推动大数据在研发设计、生产制造、经营管理、市场营销、售后服务等产业链各环节的应用，鼓励研发面向不同行业、不同环节的大数据分析应用平台，支持重点行业典型企业开展工业企业大数据应用 2.工业生产性服务业大数据。鼓励研发面向生产性服务业的大数据解决方案，支持利用大数据进行品牌建立、产品定位、精准营销、认证认可、质量诚信提升和定制服务
现代农业大数据示范应用工程	1.建设农业农村大数据综合服务平台。开发农业农村大数据集成汇总、海量处理、互联共享、权威发布的云平台，重点面向政府、企业、农民和社会开展涉农领域综合服务 2.推进农业农村大数据开放共享。向社会规范有序公开农业农村大数据，鼓励科研机构、企业和个人激活海量数据资源，开展数据交易和数据应用服务 3.推进农业农村大数据综合运用，构建覆盖农业农村各领域的大数据品种体系
云计算数据中心建设工程	中国电信哈尔滨数据中心、中国移动哈尔滨数据中心、中国联通哈尔滨数据中心、国裕绿色数据中心二期工程、云谷名气通数据中心、大庆华为云计算数据中心等项目

根据《黑龙江省国民经济和社会发展第十四个五年规划和二〇三五年远景目标纲要》，如附表6和附表7所示：

附表6 创新基地建设工程

领域	建设内容
大科学工程	哈工大空间环境地面模拟、哈工程极地环境模拟与测试、哈工大质子重离子治疗研究、国家生物医学大数据等
重点实验室	页岩油成藏研究与开发、空间环境与物质作用科学、石墨（烯）新材料、网络安全、能源催化与高效转化、缺血性心脏病、动物细胞与遗传工程、寒地慢病防治及药物研发等
技术创新平台	一重高端大型铸锻件国家技术创新中心、地方病国家临床医学研究中心、哈电发电装备智能制造创新中心、北满特钢技术创新中心、黑龙江菌种产业创新中心、五矿石墨（烯）研究院、广联无人机设计研发中心、东北精密超精密制造产业研究院、苏州非矿院鸡西石墨研究院等

附表7　参与国家"揭榜挂帅"重点方向

领域	技术方向	重点承接机构
机器人及人工智能	柔性装置、人机交互、微纳操作、类脑智能、脑机接口、虚拟现实与增强现实等	哈工大、哈工程、中电科49所、中国一重、齐重数控、博实股份、新光光电等
空天科技	辅助动力装置、电磁推进系统、无损检测装置、飞行器智能系统、卫星通信等	哈工大、中航哈飞、激光通信、广联航空、哈尔滨玻璃钢研究院等
生物技术	疫苗、诊断试剂、基因重组蛋白、治疗性抗体、生物发酵和酶工程等	哈兽研、哈医大、齐齐哈尔大学、天晴干细胞、新和成生物科技等
高效节能	能源回收利用、蓄热式燃烧、超低排放燃煤、煤炭分级阶梯利用、能量控制回收等	哈电集团、中国船舶七〇三研究所等
深海与极地探测	核动力破冰船设计、极地水下作业装备、极地海洋应急平台、深海导航系统等	哈工程、哈船智能装备、黑龙江测绘地理信息局等

根据《黑龙江省科技振兴行动计划（2022~2026年）》，附表8和附表9如下。

附表8　黑龙江省科技振兴行动计划简表

项目	主要内容
发展目标	创新驱动发展取得新突破，创新驱动内生动力全面激活，科技整体实力和创新能力实现新跃升，成为全国创新发展策源地、创新人才集聚高地和东北亚创新交流合作基地，建成全国有影响力的科技和产业创新中心 　　1.全社会研发投入取得新突破。全社会研发经费投入稳步增长，年均增长率力争不低于全国平均水平 　　2.关键核心技术攻坚取得新突破。在产业振兴、农业振兴、生命健康等重点领域突破200项关键核心技术 　　3.科技成果高质量就地转化取得新突破。到2026年，高质量转化1500项科技成果，全省技术合同成交额达到550亿元 　　4.科技型企业培育取得新突破。到2026年，全省高新技术企业数量力争突破6000家，"专精特新"中小企业达到3000家 　　5.科技创新平台取得新突破。到2026年，国家级科技创新平台达到60家 　　6.区域创新发展取得新突破。高水平建设哈大齐国家自主创新示范区、佳木斯国家农业高新技术产业示范区，推动高新区成为创新驱动发展示范区和高质量发展先行区

续表

项目	主要内容
重点任务	1.提升科技创新引领未来发展能力,新经济业态领域攻关取得新突破 2.打造龙江振兴发展新引擎,战略性新兴产业领域攻关取得新突破 3.科技助力新旧动能转换,传统优势产业领域攻关取得新突破 4.为农业现代化插上科技翅膀,农业现代化关键技术取得新突破 5.支撑保障人民生命健康,民生领域科技攻关取得新突破
实施路径	通过实施全社会研发投入提升、关键核心技术攻关、科技成果产业化、科技型企业培育、创新平台建设、区域创新载体建设和创新生态建设"七大行动",实现从科技强到企业强、产业强、经济强,培育壮大振兴发展新动能

附表9 黑龙江省新业态新领域攻关技术

技术领域	主要内容
数字技术	瞄准数字孪生、人机协同、边缘计算、区块链、6G等数字科技前沿,布局加强基础学科建设和前沿基础理论研究,重点开展人工智能基础理论、自适应长期生存软件的基础理论、数据与智能科学的理论体系、智能感知与传感理论、半导体集成化芯片系统、第三代功率半导体封装等研究,突破一批前沿引领技术、颠覆性技术。充分发挥我省数据、科技、人才、平台、场景等优势,组织优势单位加快5G、大数据、物联网、云计算、人工智能等新一代信息技术在产业数字化关键环节的应用技术攻关,力促数字技术与我省重点产业深度渗透融合,攻克一批工业软件、机器人、智能制造、集成电路、新型显示、智慧农机、智慧农业、网络安全等领域应用技术难题。依托数字技术促进现代服务业升级,在医疗康养、教育、文旅、展览、物流等方面强化数字化平台建设和"互联网+"技术研发应用,增强数字技术服务经济发展新动能
生物技术	把握生物科技前沿发展态势,组织和引进相关机构,创新发展基因工程、蛋白质工程、发酵工程、组织工程、胚胎和干细胞工程、再生医学工程、合成生物学、生物计算、类脑及人工智能工程等前沿生物工程技术,深度推进"数字经济+生物经济"(IT+BT)融合工程,着力解决前沿战略领域及产业发展中关键核心技术的重大科学问题。瞄准生物领域高质量发展重大科技需求,重点围绕未来能够产生重大成果,并能带来产业升级换代或具有市场潜力的颠覆性技术开展创新,开展合成生物学技术创新,突破生物育种计算设计、基因合成、高通量筛选和基因功能鉴定、蛋白质细胞工厂等关键技术,推动其在大健康、创新药物开发、核心菌种、生物育种、环境保护、能源供应和生物基材料开发等领域应用,提升产业层级,支撑黑龙江省生物产业快速壮大
冰雪产业技术	践行"冰天雪地也是金山银山"理念,紧密围绕国家极地战略需求,积极促进冰雪资源产业化,开展极地装备及寒区设施、极地科学考察、冰雪等方面技术研究,抢占极地寒区科技前沿制高点。积极开展产学研合作,加强冰雪装备材料技术研究,开展冰场雪场设施装备、应急救援装备、维修保养装备、竞赛竞技装备、辅助训练装备、虚拟滑雪装备、电子竞技系统、智能运动信息系统、智能雪场以及冰雪运动器材、冰雪资源监测与评估技术等关键技术开发,推进产、学、研一体化发展

技术领域	主要内容
创意设计产业技术	推动创意设计理念、方法、内容、业态、模式等变革创新，充分激发全社会创造活力。支持高校院所、企业加强创意设计理论、方法、技术等基础研究，研发设计软件、建模渲染、虚拟现实、样板制造等设计工具。推动工业软件建模引擎发展，促进专用设计及仿真软件应用。坚持文化科技融合，开展文化形态与体验集成创新、服务模式创新与业态融合方法、渠道与用户关联关系的跨平台协同挖掘技术、基于认知计算的全媒体推荐分发技术等关键技术的研究，加快数字红色文博、"XR+"教育、医疗，"5G+VR"直播的先导应用

根据《黑龙江省产业振兴行动计划（2022—2026年）》，附表10如下：

附表10 黑龙江省产业振兴行动计划简表

项目	主要内容
发展目标	产业技术创新能力明显增强，产业基础高级化、产业链现代化水平显著提升，高质量构建起"4567"现代产业体系，打造100条以上重点产业链，形成一批具有核心竞争力的优势产业集群，引领和推动全面振兴、全方位振兴。三次产业结构实现优化升级，形成质量引领、多点支撑、多业并举、多元发展的产业发展新格局
构建"4567"现代产业体系	"4"：着力打造数字经济、生物经济、冰雪经济、创意设计4个经济发展新引擎，实现"换道超车"跨越发展 "5"：培育壮大航空航天、电子信息、新材料、高端装备、农机装备等5个战略性新兴产业，推进新旧动能转换 "6"：加快推进能源、化工、食品、医药、汽车、轻工等6个传统优势产业向中高端迈进，实现提质增效 "7"：加快推进信息服务、现代金融、现代物流、服务型制造、旅游康养、养老托育、文化娱乐等7个现代服务业发展
产业区域布局	实施区域振兴计划，推动生产要素向重点地区集中、产业集群向重点园区集聚，优化产业布局，加快构建优势互补、高质量发展的区域动力系统，促进区域经济协调发展 1.增强哈尔滨辐射力、影响力、带动力，构建全省高质量发展核心动力源 2.以哈大齐国家自主创新示范区为引领，构筑哈大齐协同一体的科创走廊和工业走廊 3.以哈亚牡地区为重点，建设泛亚布力国际滑雪大区，打造煤炭资源型城市转型发展区 4.佳木斯、绥化等"藏粮于地、藏粮于技"战略核心区，构建"粮头食尾、农头工尾"示范区 5.高标准规划建设黑瞎子岛中俄国际示范区和数字经济、生物经济总部注册地，打造绿色生态旅游岛、便利惠利贸易岛，做强沿边开发开放合作区 6.发挥大小兴安岭地区生态功能，打造"绿水青山就是金山银山，冰天雪地也是金山银山"实践地

续表

项目	主要内容
十大重点行动	宣传引导行动、招商引资行动、产业集群培育行动、科技成果转化行动、园区提升行动、政策惠企行动、金融助振兴行动、人才保障行动、要素支撑行动、品牌培育建设行动
保障措施	建立健全组织领导体系、建立健全计划落实体系、建立健全政策保障体系、建立健全工作推进体系、建立健全考核评价体系、建立健全督导问责体系

根据《黑龙江省"十四五"数字经济发展规划》,附表11如下:

附表11 黑龙江省数字经济发展规划简表

项目	主要内容
发展目标	育成一批数字经济领域专精特新"小巨人"企业,诞生一批"瞪羚"和"独角兽"企业,建成一批国家级数字化转型服务平台,培育若干全球知名、国内领先的数字经济经典品牌,培育形成数个优势产业集群
发展布局	1.聚力打造哈尔滨数字经济跨越发展核心区 2.合力打造哈大齐牡数字经济示范带 3.全力打造边境地区数字经济开放带 4.着力打造特色鲜明区域数字经济基地
核心技术创新	1.着力解决重点产业创新发展和新兴产业培育的应用技术瓶颈问题 2.支撑保障农业强省、工业强省发展和生态龙江、数字龙江、健康龙江、平安龙江等重大场景应用 3.加快5G、大数据、物联网、云计算、基础元器件、移动通信、人工智能、区块链等新一代信息技术在产业数字化关键环节的应用技术攻关 4.攻克一批制约工业软件、机器人、智能制造、集成电路、新型显示、智能穿戴、智慧农机、智慧农业、绿色能源、食品安全、网络安全等领域的应用技术难题 5.以科技研发和产业化为动力,推进全省数字产品制造业规模倍增、软件和信息技术服务业提质增效 6.培育壮大产业发展新引擎和新优势
构建十大产业链	集成电路产业链、传感器产业链、高清晰新型显示产业链、可穿戴设备产业链、虚拟现实产业链、计算机产业链、信息通信产业链、卫星产业链、智能装备产业链、汽车电子产业链

根据《黑龙江省"十四五"生物经济发展规划》,附表12如下:

附表12 黑龙江省生物经济发展规划简表

项目	主要内容
指导思想	快构建多元发展、多点集聚的现代生物产业体系,形成生物技术、生物产业、生物经济一体化发展格局,扎实推进生物安全风险防控和治理体系建设,加强生物资源保护利用

续表

项目	主要内容
发展目标	1.生物经济实现倍增式发展，增加值占地区生产总值的比重达到10%，成为省战略性主导产业 2.科技创新实现新突破，生物经济研发投入强度显著提高，关键核心技术取得新突破，重点产业技术创新平台达到20个以上，生物创新平台竞争力和辐射带动力显著增强，产业自主创新体系基本建立 3.产业融合实现新跨越，实施一批重大产业项目，促进生物与信息融合，提升大数据驱动的生命科学发现与转化应用能力，重点打造20条左右生物产业链创新链，培育出一批具有行业竞争力的龙头企业和知名品牌
发展布局	"一极"：打造哈尔滨生物产业引领极 "两区"：建设松嫩平原生物产业核心区 "一带"：构建林区寒地生物产业带
科技创新驱动	加强原创性、引领性基础研究、开展前沿生物技术创新、打好关键核心技术攻坚战、加强重大创新平台建设、培育壮大新型创新主体
现代生物产业体系	1.聚力打造千亿级国家生物医药产业集群。建设哈尔滨生物医药创新转化基地、建设原料药及医药中间体生产基地、打造寒地龙药生产制造基地、加快培育特医食品产业基地 2.全力打造千亿级国际领先生物制造产业集群。建设国家生物发酵产业集群、培育壮大生物基材料产业集群、创建现代合成生物产业集群 3.着力打造千亿级龙江特色生物农业产业集群。做优现代生物育种产业链、做大兽用生物制品产业链、做强黑土地生物保护产业链 4.加速建设百亿级生物能源产业示范基地。建设国家生物质气体燃料示范基地、建设国家生物质液体燃料示范基地、建设国家生物质固体燃料示范基地 5.加快建设百亿级先进生物环保产业示范基地。推进水污染生物治理示范应用、推进污染土壤生物修复示范应用、推动挥发性有机污染物生物转化示范应用 6.大力培育百亿级生物医学工程产业示范基地。加快发展生物医用材料产业、加快发展生物诊疗设备、加快发展生物医学诊断试剂及设备

根据《黑龙江省科技成果产业化行动计划（2022-2025年）》，附表13如下：

附表13 黑龙江省科技成果产业化行动计划简表

项目	主要内容
发展目标	高等院校、科研院所和企业科技成果产业化能力显著提高，功能完善、运行高效、市场化的科技成果产业化体系基本建成，科技支撑引领产业振兴发展能力显著增强。到2025年，实现1200项科技成果产业化。全省技术合同登记成交额四年累计达到2000亿元，全省高新技术企业达到5000家，"专精特新"中小企业达到3000家，高技术产业投资占同期固定资产投资比重达到11%，规模以上工业企业新产品销售收入占营业收入比重达到21%

续表

项目	主要内容
三大策源地科技成果产业化	1.实施高等院校科技成果产业化专项行动。深化校地、校企合作，组织高等院校科研力量系统服务重点产业和龙头企业，共建产业创新平台，合作开展技术研发、中试和产业化，产校协同加速科技成果转化和产业化进程 2.实施科研院所科技成果产业化专项行动。鼓励中直科研院所技术溢出、落地转化、生成企业，服务龙江经济社会发展。推动省属科研院所利用各类科技创新平台加快熟化一批存量科技成果，通过技术转让、技术许可、作价投资、孵化企业等多种形式，加速实现存量科技成果价值化 3.实施企业科技成果产业化专项行动。引导各类企业采取"揭榜挂帅"方式，汇集优势创新资源，高效解决企业和产业重大技术需求
重点产业科技成果产业化	推动数字、生物、冰雪、创意设计等新经济形态，航空航天、新材料、高端装备、农机装备等战略性新兴产业，能源、化工、农产品加工、汽车、轻工等传统优势产业的技术成果产业化
科技成果产业化平台载体	1.打造科技成果产业化平台。推动黑龙江省工业技术研究院建成高质量成果转化平台，发挥产学研联盟协同作用，重点打造集产学研协同创新、科技成果转移转化、科技企业孵化育成、汇聚资源要素促进产业集聚发展于一体的成果产业化平台。鼓励高等院校、科研院所和大企业面向重点产业，按市场机制建立产业技术研究院 2.完善技术交易服务平台。集聚需求、成果、政策、投资、服务等各类要素，打造线上线下相结合的知识产权和科技成果交易网络平台 3.建强产业技术创新平台。加强对新兴产业领域布局，重点支持规模以上企业和高新技术企业建设创新平台，到2025年，新建100家以上省级创新平台。鼓励龙头企业整合产学研创新资源争创国家级创新平台 4.做优技术转移服务载体。鼓励国内外高等院校、科研院所、企业、技术转移机构、学术组织、知识产权中介机构等在黑龙江省创办技术转移机构，到2025年达到100家 5.构筑科技成果产业化载体。依托高新技术产业开发区、经济技术开发区或重点园区、大学科技园等现有产业基础和创新资源，围绕新经济形态、战略性新兴产业和传统优势产业等特色优势细分产业领域，分年度、分梯次布局建设十大科技成果产业化基地 6.夯实开发区产业承载载体。鼓励各类开发区突出特色主导产业，实施科技成果产业化项目。加大土地、投融资、人才、技术、产业等要素配套保障力度，强化园区的成果产业化承载能力，促进特色主导产业集群化发展

续表

项目	主要内容
科技成果产业化市场主体	1.做强存量企业。鼓励央企、省属国有企业和民营企业等各类企业加大研发投入，促进产业链上中下游、大中小企业融通发展。发展充实一批"专精特新"企业、制造业单项冠军企业、高新技术企业、数字商务企业、农业产业化龙头企业，扩大科技成果产业化市场主体规模，支持其开展新产品、新技术创新应用 2.孵化生成企业。支持科技企业孵化器、众创空间、大学科技园等创业载体向专业领域发展，围绕重点产业建设一批要素集聚、服务优质的孵化机构，服务科技人员、大学生等携带成果创办企业，促进高新技术成果加速转化 3.引进外埠企业。围绕重点产业加大招商力度，吸引外埠科技型企业整体迁入黑龙江省
科技成果产业化机制	1.健全科技成果供需精准对接机制。建设省、市、重点机构"核心节点＋区域分节点＋专业分节点"三级有机融合对接网络，开展科技成果信息深度挖掘和匹配，推动科技成果转化计划与黑龙江省重点领域产业化计划有序衔接 2.健全产、学、研协同转化机制。促进产、学、研合作从技术创新协同向成果产业化协同延伸，加速科技成果产业化 3.健全科技与金融联动机制。统筹现有省级已设立的政府投资基金持续支持科技成果产业化；探索"银科联动"，大力推进知识产权质押融资、股权质押融资，扩大融资担保资金规模；鼓励符合条件的科技型企业积极参与"紫丁香计划"，通过上市融资做大做强；鼓励企业通过债券融资促进科技成果产业化

黑龙江省2022年出台了《新时代龙江人才振兴60条》，从服务国家重大战略和龙江振兴发展需求出发，面向战略科技人才、科技领军人才和创新团队、卓越工程师、技能人才、基础研究和哲学社科人才提出"五个支持计划"，实现生态、平台、计划、服务"四位一体"。"五个人才支持计划"既有对国家级人才计划的梯次衔接，又注重相互之间的配套衔接，形成了系统集成、全面覆盖、精准高效的龙江人才支持计划体系，见附表14。

附表14　黑龙江省人才支持计划

人才支持计划	主要内容
龙江战略科学家头雁支持计划	壮大战略科学家成长梯队，形成对海内外顶尖科研创新人才的"虹吸"效应，延续"团队＋项目"的人才支持方式，给予每个团队全周期5年最高5000万元经费支持标准

续表

人才支持计划	主要内容
龙江科技英才春雁支持计划	着眼关键核心技术攻关和构建现代产业体系需要，面向省级的科技领军人才和崭露头角、发展潜力较大的青年科技人才，培养打造龙江战略科学家"后备军"。根据课题（项目）研究性质及特点分类确定资助经费和周期，给予最高500万元资助
龙江卓越工程师支持计划	支持龙江工程师学院做大做强，努力打造龙江工程技术人才"摇篮"，为推动龙江工业振兴培养输送更多的卓越工程师。通过产教融合、提高工程师人才实战能力和行业竞争力
龙江工匠支持计划	以支持高技能人才为重点，培育壮大支撑产业发展的技能人才队伍。支持大师带徒传技，支持技艺精湛、水平高超的高技能人才，牵头组建技能大师工作室，组建装备制造业、现代农业、现代服务业等十大产业"政校企"技能人才培养联盟
龙江学者支持计划	在政策和资金层面为基础研究和哲学社科人才提供长期稳定支持，把政策重心从学科带头人队伍建设优化调整为对基础研究的支持，为以科技创新驱动振兴发展提供更多的源头支撑

根据《黑龙江省"十四五"科技创新规划》，附表15~附表17如下：

附表15 推动科技成果高质量就地转化重点任务

环节	任务和目标
成果筛选	突出原创性、引领性，每年围绕科技前沿和未来产业发展及改造升级"老字号"、深度开发"原字号"、培育壮大"新字号"，确立具有市场化商业化前景、高价值可转化科技成果500项以上
中试熟化	设立市场化中试创新基金，建设10个以上中试熟化基地，加快建设哈尔滨新区、哈工大、哈尔滨南岗区等国家级双创示范基地，培育众创空间、孵化器、加速器，形成强大孵化能力
交易对接	建设技术转移机构30家左右，每年推动100个以上授权专利产业化商业化，技术合同成交额达到500亿元。2025年，全省技术合同成交额占GDP比例达2.8%
产业化实施	组织实施50个省重大科技成果转化示范项目，形成具有龙江的特色转化模式
示范性带动	发挥新光光电、广联航空、海能达、长城计算机、哈工大卫星激光通信、航天海鹰等科创企业示范带动作用

附表16 打造高水平科技创新基地重点任务

基地	重点任务
省实验室或重点实验室	页岩油成藏研究与开发、空间环境与物质作用科学、黑土保护、种业创新、石墨（烯）新材料、网络安全、能源催化与高效转化、缺血性心脏病、动物细胞与遗传工程、寒地慢病防治及药物研发等

续表

基地	重点任务
技术创新平台	一重高端大型铸锻件国家技术创新中心、地方病国家临床医学研究中心、哈电发电装备智能制造创新中心、哈工大、哈工程国家应用数学中心、北满特钢技术创新中心、黑龙江菌种产业创新中心、五矿石墨（烯）研究院、广联无人机设计研发中心、东北精密超精密制造产业研究院、苏州非矿院鸡西石墨研究院、国家光伏/储能实证实验平台（大庆基地）等

附表17　强化企业创新主体地位重点任务

类别	目标	措施
科技型企业	15000家	1.建立多层次科技企业培育库，实行动态管理
高新技术企业	5000家	2.实施高新技术企业倍增行动，突出目标导向
创新型领军企业	30家	3.落实税收扶持、奖补激励等优惠政策
"专精特新"企业	100家	4.简化项目申报和过程管理，提供全程服务 5.培育更多科技型上市企业，发展科技金融，在哈尔滨新区探索设立科技银行

根据《黑龙江省中长期科学和技术发展规划（2022—2035年）》，附表18～附表20如下：

附表18　中长期科技发展预期性指标

指标	单位	2020	2025	2030	2035
全社会R&D经费支出占GDP比重	%	1.26	2.5	2.8	>2.8
规模以上工业企业R&D经费支出占营业收入比重	%	0.71*	1.0	1.5	2.0
万名就业人员中R&D人员数	人	39.1*	50	60	70
每万人口高价值发明专利拥有量	件	2.57	4.53	6.64	10.79
每万家企业法人中高新技术企业数	家	82	140	160	180
技术合同成交额与地区生产总值之比	%	1.95	2.8	3.6	4.5
知识密集型服务业增加值占GDP比重	%	12.35*	19	24	29
公民具备科学素质的比例	%	9.04	15	20	25

注：* 为2019年度数据。

附表19　高新技术产业开发区建设

高新区	建设内容
哈尔滨高新区	重点打造成为全省创新创业核心区，具有国际影响力的对俄及东北亚创新合作先导区。提升对俄及东北亚国际开放合作功能，引领带动哈大齐三地协同创新。打造"深空、深海、深蓝、深寒"等四大硬核产业品牌

续表

高新区	建设内容
大庆高新区	重点打造成为我国资源型城市转型发展示范区。以建设百年油田、推动油城转型、支撑国家能源安全和产业安全为目标,做强"油头化尾"
齐齐哈尔高新区	重点打造成为我国老工业基地转型升级样板区。发挥齐齐哈尔工业基础优势,建设我国重要的重型装备创新中心、精密超精密制造创新基地和绿色食品基地
农业科技园区	加快创建三江国家农业高新技术产业示范区建设,以黑土地现代农业为建设主题,建设"黑土粮仓"。支持具备条件的县(市)建设农业科技园区,推动具备条件的省级农业科技园区提档升级国家农业科技园区,支持发展规模大、创新能力强的国家农业科技园区建设国家农业高新技术产业示范区
省级高新区	支持省级高新区以升促建,推动佳木斯、牡丹江、七台河等省级高新区争创国家级高新区,鼓励其他市(地)围绕区域特色创建省级高新区并晋升为国家级高新区,推动省级高新区市(地)全覆盖。按照"一区一主导产业"布局建设创新型产业集群

附表20 支撑黑龙江高质量发展的"场景+科技"建设

重大场景	建设内容
农业现代化	围绕保障国家"粮食安全"和"食品安全",布局黑土地保护利用、现代种业、智能农机装备、智慧农业、灾害与疫病防控、绿色高效种植、畜禽水产养殖与现代牧业、林草资源培育与开发、农畜产品质量安全等9个领域关键技术攻坚,为农业现代化插上科技的翅膀,筑牢国家粮食安全"压舱石",支撑农业强省建设
新型工业化	围绕推动制造业向网络化、数字化、智能化、绿色化转变,布局精密超精密制造、电力装备、机器人及智能制造、交通运输装备、石油化工装备、海洋工程装备、服务型制造等7个领域关键技术攻坚,支撑工业强省建设
生态龙江	围绕"绿水青山就是金山银山"和"生态就是资源、生态就是生产力"的总体要求,维护生态安全,实现"碳达峰、碳中和"目标,布局大气污染防治、水污染防治、土壤污染防治、废弃物资源化、农村环境综合治理、生态环境评估与监测、生态系统保护与修复等7个领域关键技术攻坚,支撑生态强省建设
数字龙江	围绕"数字中国"总体发展要求,推动龙江全方位数字化、网络化、智能化转型,促进数字产业化和产业数字化,布局大数据、物联网、集成电路、新一代移动通信、人工智能、区块链、网络安全等7个领域关键技术攻坚,支撑数字经济和实体经济深度融合,赋能传统产业转型升级,催生新产业、新业态、新模式,打造具有国际竞争力的数字产业集群
健康龙江	围绕"要把人民健康放在优先发展的战略地位"的要求,落实"健康中国"建设总体部署,加大对健康产业关键领域的创新力度,布局中医药、化学药、人口健康、健康服务、数字诊疗装备等5个领域关键技术攻坚,支撑全方位、全周期保障人民健康和全面提升防控和救治能力

续表

重大场景	建设内容
平安龙江	围绕落实安全发展理念，推动人民群众拥有更高的获得感、幸福感和安全感，布局食品安全、公共安全与社会治理、防灾减灾、生物安全等4个领域关键技术攻坚，支撑平安龙江建设的科学化、社会化、智能化水平提升
新型城镇化	围绕贯彻"推进以人为核心的新型城镇化"理念，落实新型城镇化战略，布局乡村振兴、城市功能提升、智慧运维、绿色建筑等4个领域关键技术攻坚，支撑新型城镇化持续健康发展和美丽宜居新家园建设
智慧服务	围绕加强新一代信息技术的集成与应用，加快现代服务业发展，布局服务智能化、科技服务、新兴服务、文化科技融合等4个领域关键技术攻坚，支撑现代服务业提质扩容

除附表外，以下规划和行动方案也为黑龙江省科技产业发展提供了参考。

（1）《黑龙江省通用航空产业"十四五"发展规划》

（2）《黑龙江省现代信息服务业振兴行动方案（2022-2026年）》

（3）《黑龙江省石墨产业振兴专项行动方案（2022-2026年）》

（4）《黑龙江省工业强省建设规划（2019-2025年）》

（5）《黑龙江省"十四五"工业和信息化技术创新发展规划》

（6）《黑龙江"十四五"农业科技发展规划》

（7）《黑龙江省加快数字农业发展实施方案》

（8）《黑龙江省"十四五"知识产权保护和运用规划》